JN335023

小さな会社でもできる「テレビCM完全ガイド」

宮崎 敬士
Keiji Miyazaki

CYZO

小さな会社でもできる「テレビCM完全ガイド」

宮崎 敬士
Keiji Miyazaki

CYZO

はじめに

「いゃーもう街を歩けないっしょ、顔がばれちゃって」

電話越しに私の耳に飛び込んできたのは、ウキウキした秋田弁の大きな声でした。

電話の相手は秋田県北秋田市で石材店を経営する社長。

お盆限定でテレビCMを放送したのですが、その反応を聞くために電話したのです。


社長いわく、CMは予想以上の好反応。

お墓は100万円はする高額な買い物。一生に一度あるか、ないかの買い物です。

多くのお客さんは、数店を回って相見積もりを取るのだそうです。

しかし、CMを見たお客さんは直接、指名で買ってくれたというのです。

放送以来、訪問客も増えたので、すごくよかったとおっしゃいました。


その反応というか感激ぶりに私の方がビックリしました。

なぜか。実はCMの放送料金は30万円なのです。

まさか、その金額でそんな効果が出るとは思いませんでしたから、私の方がビックリしたのです。

実は、テレビCMの世界は様変わりしています。

放送料が以前と比べて、かなり安くなってきているのです。

その原因は、長引く不況、視聴者離れによる視聴率の低下、インターネットの台頭などと言われています。

結果、CM1本放送して1万円なんてのは当たり前、安いところでは5000円なんてのもあるのです。

こうなってくるとCMは高嶺《たかね》の花とは言えません。


一方、書店に並ぶCM関係の本を読みますと、1億円は用意してくださいと書かれていたりします。これは大企業が東京発で広告を扱う場合、普通の金額なのでしょう。

しかし日本の企業の大部分は中小企業です。億単位の広告経費をかけられる企業は限られています。これでは中小企業はCMをやってみようという気にはなりません。


しかし時代は変わったのです。

CMは使い方次第で、身近な存在になるのです。


私は25年あまり、テレビ番組など映像制作に従事してきました。

現在は独立し、経営者として映像制作会社と広告代理店を経営しています。弊社は日本の民間テレビ局129局中、約90局と取引をしています。
この圧倒的な数によりテレビ局からはさまざまな有用な情報がもたらされます。

その結果、私は地方をうまく活用し、値段を安く、効果を高くするCMの「やり方」を発見しました。この地方のテレビCMを活用した結果、さまざまな効果があったのです。

東京が本社のある生命保険会社は、テストマーケティングとして福岡県でCMを放送。結果、ホームページのアクセス数もアップ、売り上げも目標を達成しました。
現在は、この広告戦略を他のエリアでも拡大。今では、全国の主要都市でCMを放送しています。

愛知県にある高価ブランド品の買い取りと販売を行っている質屋さんのチェーン店。12店舗あります。月額120万円でCMを開始。結果、来客数は1割アップしました。
副産物としてCMを開始したことで、社員のモチベーションもアップし、社員の定着率もアップしたと言います。

宮城県のあるクリーニング店では、月額20万円でＣＭを開始。その放送直後から、ホームページのアクセス数が上がり始め、結果5倍に上がりました。ＣＭの中では、社長の趣味だったバイクも登場、ご満悦です。

静岡県にある合宿型の自動車学校では、学生の集客の方法をＣＭに集約。集客のターゲットは隣接する愛知、岐阜、三重の３県。現在、学生は満タン状態です。

ネットの時代になり、宣伝媒体が多様化しています。

「広告費は予算として持っているが、売り上げを伸ばすために、事業を拡大するために、どうしたらよいのかわからない」という中小企業経営者が多いと思います。

「テレビってあまり観ていないでしょ、視聴率も下がっているし」とテレビＣＭを否定的にとらえている方も多くいらっしゃると思います。

ソフトバンクやグリー、ＤｅＮＡなどはここ数年で大きく成長した企業です。この３社は大量のテレビＣＭを投下しています。

今やこの３社は自動車メーカーや家電メーカーなど名だたる企業と肩を並べるほどの金額をＣＭに投下。ＣＭの効果を実感しているのです。

現在、スマートフォンがものすごい勢いで普及しています。

そのスマホが私たちの生活のスタイルを変えています。

「テレビで観た、詳しく確認したいので、スマホで検索」という流れができているのです。

この流れからスマホに直結しているゲーム系企業が、テレビＣＭに参入してきたのです。

テレビＣＭは「やり方」次第で成功するのです。御社のビジネスを発展させる方法として、ぜひＣＭを活用していただきたいと思います。

映像制作現場発の成功へのノウハウをお伝えします。

２０１３年８月末日　　宮崎敬士

はじめに 003

第1章 テレビCMの新しい活用法 015

全国ネットではなくテストを兼ねて安価なローカルCM 018
従業員が10名程度でもCM放送ができる時代 022
何かと比較されるチラシ、CMとどっちがお得か 026
CM→ホームページ→購入という新しい流れ 028
CMはソーシャルネットで拡散し、放送エリア以外でもネットで商品が売れる 029

第2章　ドキュメント、格安CMができるまで「みうらクリーニング」編　033

クリーニング店社長との出会い、笑顔が際立つキャラが立った男の登場　038
みうらクリーニング本社を訪問、驚きのギャップ「男前クリーニングって？」　040
打ち合わせは飲みの場が最適。腹を割って話すことが大切　044
CMの放送枠を見てもらいました「えーこんなものなの」　049
次なる野望とは……　051
CMにはダブル広告禁止というルールがある　054
いざ、撮影へ　057
テレビ局とのスポット線引きの交渉　064
荒編集が上がってきた……が……　066
ホームページのアクセス数が5倍に跳ね上がった　073
取材をするということ。映像現場での目線　075

第3章　**なぜCMが安くなったのか**　083
テレビは不況業種　084
テレビ局は営業努力不足、説明不足　087
視聴率はどうやって計測しているのか？　088
視聴率＝価格になった弊害　090
CM制作費も安くなったわけ　092
第4章　**こうすればCM戦略はできる**　093
ステップ①最初に主な流れを理解する　094
ステップ②何を伝えたいのか、目的を明確にする　095
ステップ③予算を決める　098
ステップ④広告代理店を決める　110
ステップ⑤CMの内容を決める　114
ステップ⑥放送する局を決める　121
CM必勝の5か条　129

第5章　クライアントが語るローカルヒットCMの裏側実例集　133

一度は行ってみたかった！　伝説の店、イシカワ　134

社員を使ったインパクトCMで安く、目立って、来店客数も社員のやる気もアップ（かんてい局）　138

目立ってなんぼのアニメCM。ファンが勝手に動画サイトにアップして、CM効果倍増（ザグザグ）　142

CMをやめると怖いのでやめられない（どんどん）　148

CMは動くし、音が出るからうちのキャラクターが生きるよね（マル邦石工房）　153

新商品のＣＭで企画力をアピール。ＣＭを長年続けることで地元の優秀な人材も確保（英田エンジニアリング）―― 157
ダサイところが皆さんにおもしろがられた（やまだ）―― 162
１００年先にも、同じＣＭを流してやりてゃあ（近藤産興）―― 168
春先が勝負！　ＣＭを2か月間で３００本集中させて、地元福岡ナンバーワンに定着（三好不動産）―― 174
40年変わらぬテレビＣＭで、福岡県民にはおなじみ（東雲堂）―― 178

ＣＭを変えただけで県民の話題に。社名を知らずともＣＭで認知度抜群の「託児所完備の自動車学校」（東新潟自動車学校）　182
モーツァルトの「アマデウス」の旋律だけで思い出していただける（八神）　186
「ハマＩＮ」シリーズが人の流れも変えた。入校者数が４倍に‼（浜名湖自動車学校）　192
15万円から始めたＣＭで、今では年商１５０億（夢ハウス）　199
あとがき　204

第1章

テレビCMの新しい活用法

２０１１年、ＤｅＮＡ（モバゲー）が横浜ベイスターズを買収しました。プロ野球のオーナー会社はその時代を反映しています。利益を上げている会社や花形職種が、オーナー会社になっているケースが多いのです。

以前は鉄道会社が多かったのですが、今ではＩＴ業界が増えています。ソフトバンク、楽天、ＤｅＮＡ（モバゲー）と、３社もあるのです。

ここ3年のＣＭ出稿量のベスト20を見てみましょう。

上位には、サントリー、花王といった常連企業が名を連ねていますが、驚くべき点は、グリーやＤｅＮＡ（モバゲー）などＩＴ業種もランクインしていることです。

最近、ゲーム会社のＣＭが多くなったと感じませんか？

逆に少なくなっているのが、車や家電製品などの製造業です。

車の広告なら、駅のエントランスや街角など、デモ的に見せる場所は多くあり、プロモーションの方法はＣＭ以外でも、数多くあります。街で普通に走っていてもある種、プロモーションですね。

一方、ゲームとなりますと、インターネットやゲーム店など限られた場所になります。ゲームやネット系の会社がテレビのＣＭを選択するのには、さほど時間が掛かりませんで

ここ3年の広告主別年間CM出稿量　上位20〈関東地区・番組＋スポット〉

（10秒）

	2010		2011		2012	
1	花王	67,571	ACジャパン	105,720	花王	65,880
2	P&Gジャパン	46,515	花王	72,197	サントリー	49,028
3	サントリー	45,176	サントリー	50,493	興和新薬	41,703
4	メットライフアリコ生命保険	43,302	興和新薬	48,006	P&Gジャパン	40,062
5	グリー	39,786	P&Gジャパン	42,003	ハウス食品	34,509
6	興和新薬	38,441	メットライフアリコ生命保険	39,138	ＮＴＴドコモ	33,357
7	ハウス食品	37,442	ハウス食品	35,120	トヨタ自動車	33,002
8	トヨタ自動車	29,100	グリー	32,013	日本コカコーラ	30,980
9	キリンビール	25,434	日本コカコーラ	28,883	スズキ	24,783
10	日本直販	24,846	ソフトバンクモバイル	25,721	武田薬品	24,582
11	パナソニック	24,573	DeNA	23,831	グリー	24,099
12	DeNA	22,940	トヨタ自動車	22,560	ソフトバンクモバイル	23,925
13	アサヒビール	21,101	武田薬品	22,080	ライオン	21,684
14	日本コカコーラ	20,333	キリンビール	21,818	ダイハツ工業	21,231
15	東宝	20,027	ライオン	21,216	資生堂	20,784
16	ライオン	19,818	資生堂	19,695	キリンビール	20,589
17	ソフトバンクモバイル	19,629	日本直販	19,485	メットライフアリコ生命保険	19,929
18	武田薬品	18,984	アサヒビール	19,188	DeNA	19,463
19	永谷園	18,462	ユニリーバ・ジャパン	16,811	アサヒビール	18,935
20	資生堂	17,321	大正製薬	16,748	イオン	18,926

『テレビ視聴率・広告の動向　テレビ調査白書2012』（ビデオリサーチ社）より

した。

検索して観てもらう能動的な媒体に対して、スイッチをオンにするだけで、受動的に情報が入ってくるテレビ。

ネット広告の限界を感じていたネットの主人公たちが、テレビになだれ込んできたのです。

現在、スマートフォンがものすごい勢いで売れています。

スマホ片手でテレビを観ている人が増えたこともあり、売り上げが急増したのです。

テレビを視聴したら、スマホを操作、ゲームサイトにたどり着くというスムーズな流れが確立したのです。

ずばり、CMはやり方次第では大いに活用できるということです。

では、ここでCMを効果的に使って成果を上げている会社をご紹介しましょう。

全国ネットではなくテストを兼ねて安価なローカルCM

「ライフネット生命」という会社はご存じでしょうか。

インターネットだけで生命保険を販売している会社です。開業から4年で上場を果たした急成長会社です。

ビジネスモデルとして、生命保険では珍しい保険料の原価を開示するという手法をとりました。

今までの生命保険は、広告費や外交員などの人件費等の経費が乗って、保険料が計算されていました。

ところがライフネット生命ではそれらの経費をそぎ落とし、その分お客さんにお手頃な価格を提示するというビジネスモデルを確立したのです。

実は、この快進撃の武器になったのが、テレビCMでした。

私は、当初、ライフネット生命がCMを開始したとき、おやと思ったことがあります。画面に「福岡」とのテロップがあったのです。

カラオケじゃあるまいし、何で地名が入っているのだろうと思っていました。実は、このロケ地が福岡というのがポイントでした。

東京本社ですが、福岡でテストマーケティングを兼ねてCMを放送したのです。福岡でテストをして好結果が出たら、他地域でも展開するというもくろみです。

当初はインターネットに重きを置いた広告展開でしたが、対象者がインターネットへのアクセスが多い人に限られることで悩んでいました。

もっと幅広い人たちに、こんな会社があるんだということを知ってほしい。

そこでマーケティング部の社員たちが提案したのが、テレビを使ったＣＭでした。

そのあたりのことをライフネット生命マーケティング部・辻靖さんに取材しました。

「福岡からスタートした理由は人口が約５００万人と、街の規模がちょうど良かったからです。

狙ったターゲットは30代の子育て世代です。放送期間は３週間。

放送したＣＭは街頭にパソコンを置いて、夫婦に実際にパソコンで保険料の見積もりをしてもらうというものです。

ＣＭを放送してから、福岡地域から弊社のホームページへのアクセス数がポンと上がりました。

思ったより申込み件数が多く、ＣＭを投下する前の数倍になりました。

福岡の反応は特殊なケースかもしれません。ほかのエリアを３～４か所やってみて、同じように増えればＣＭの効果は確かだと考え、つぎは静岡で放送しました。すると静岡でも、福岡と同様の反応が確認できました。

そのつぎは名古屋と、少しずつ時間をずらして展開していきました。

当初、CMに反対していた役員は、そうした反応を見て驚くとともに、もっと続けようという感じでした（笑）。

何がCMで伝わったのかを調べると、『従来の生命保険にはない安さ』『インターネットによるサービス』『ライフネット生命という社名』の3点が大きかったようです。

これらはもともと伝えたかったことですし、他の会社との違いがうまく伝わっているので、テレビCMは成功していると評価しています。

インターネットの会社なのだから、テレビCMはないだろうと、社内でも議論になったそうです。しかし、広く皆に知ってもらった方がよいという判断により、CMを開始したのです。

そのため、まずは狭いエリア、ローカルで放送して様子を見るという『新しいCMの使い方』をしたのです。

そうなんです。役員などの、ちょっと年長者はあまりテレビを観ない。自分が観ないものだから、他の人も観ていないと思い込んでいるのですね（笑）。

現在、ライフネット生命は主だった都市でＣＭを放送し、売り上げを伸ばし続けています。

こんな戦略もあって、４年という短期間で上場できたのではないかと思います。

最初から東京を初めとした全国ネットＣＭを放送すると、かなりの金額が必要になります。そんな金額を使って果たして効果は見込めるのか、と必ずＣＭは議論の的にされます。ならば試しに小さくやってみよう、ということで、ローカルでのＣＭという選択肢があるのです」

従業員が10名程度でもＣＭ放送ができる時代

本書の冒頭に書きました、秋田県の石材店は、従業員10名程度です。

小さい会社でもＣＭができる時代がやってきたのです。

お墓は何10万円もする高額商品です。１つ売れれば、それなりの売り上げが立ちます。

一方、皆が欲しがる商品でもありません。

お墓は一人の人が一生に何基も購入するモノでもありません。多くの人は初めて購入する方なのです。

いったいいくらぐらいするのか。だまされるのではないかと、皆が不安な気持ちをいだくのです。

そういう意味では、とても難しい商品と言えると思います。

「県北石材工業」さんは、CM自体の制作費は50万円くらい、放送料は最初30万円、あわせて80万円からのスタートでした。


放送後の反応はどうだったのか、川上敏社長に改めて尋ねました。

「お墓ってのは、知人からの紹介が一番堅いんです。

実はCMはそのあたりにも効果がありました。CMの内容は耐震施工の紹介とともに、私の顔が1カット入っているんです。

だから既存客に会うと、『社長、この前見たよ』って言ってもらえる。以前にお墓を建てたお客さんがCMを見て思い出してくれるみたいなんです。

だから顧客の知り合いがお墓を建てるとなると、真っ先に思い出してもらえる。で、その結果紹介してくれると（笑）。

今はホームページを起点にして、ユーチューブでCMを見られるようにしてありますので、それを販売ツールにしています。

ＣＭを作る前、ホームページのアクセス数は月に１２０くらいでした。ところがＣＭを出したあとは２８０回と倍以上になりましたからね。びっくりですよ」

お墓という商材なので、お客さんは高齢者が多い。

高齢者への対策としては、やはりチラシが有効だと川上社長は言います。

子どもはＣＭからネットを見る、親はチラシとＣＭで確認、そして親子で打ち合わせ、とそんな流れができているのではないでしょうか。

効果ですが、放送はお盆に30万円、お彼岸に20万円分放送したのですが、なんと、問い合わせも含めて1年分の営業のめどが立ったというから驚きです。

どうしてそんな効果が現れたのか。手前味噌ですが、ＣＭの内容に答えがあると私は見ています。

通常、お墓のＣＭって地味です。

家族みんなで霊園に出かけたりなど、そんな内容が多いと思います。

今回は「震度7で揺らしても倒れない」という国の機関を使っての実証実験が入ってい

県北石材工業様 CM 絵コンテ

(耐震実験映像／現場音生かし)

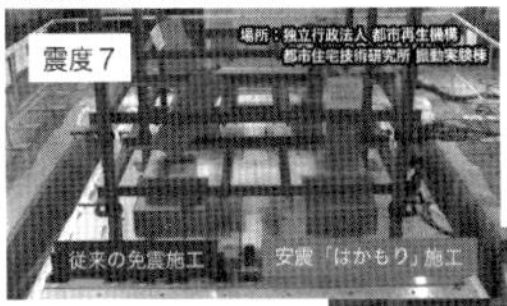

(←小さく場所テロップ
「独立行政法人 都市再生機構
都市住宅技術研究所 振動実験棟」)

(BGM 有)

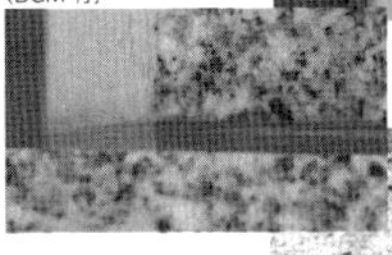

<ナレーション>

○お墓の地震対策は
できていますか？

○震度７でも倒れない

○安震はかもり

○この特殊ゲルが
地震の揺れを
受け止めます

○お墓を建てるなら
安震はかもりが標準装備の
県北石材工業。

ます。「どうして倒れないのか」と皆が不思議に思ったと思います。

この目に止まる、インパクトのある映像が効いたと私は思うのです。作り物ではない、本物の映像が持つインパクトです。

何かと比較されるチラシ、CMとどっちがお得か

では、一体どっちが高いのか、比較してみましょう。

新潟を例に挙げて考えてみます。新潟はチラシの効果が結構よいと言われるエリアです。県全体の世帯数は約86万世帯。

折り込みチラシは1部約3・5円で計算してみましょう。

効果があるということで、他の地域と比べると比較的高めに算出してみました。86万部のチラシの制作費と印刷代は合わせて559万円（筆者調べ）。

この額をCMに置き換えますと、280本放送可能です。

いかがでしょうか。CMって意外に安くありませんか？

もちろん双方にメリットとデメリットがあります。

テレビの場合は広範囲に放送されます。営業外の地域にも放送される可能性があります。

チラシ・CM比較表（新潟県の場合）

総世帯数	86万世帯
チラシ	**CM**
折り込み代（例：紙サイズB4の場合） ￥3.5 印刷代（カラー印刷） ￥3.0 1世帯あたり ￥6.5 86万世帯×￥6.5＝￥559万	→ 559万円分CMを放送すると スポットCM 1本2万円で算出 約280本放送 時間にすると 70分
効果	
1000枚で1つあるかどうか	ほぼ全員が「観たことがある」CMとなる

一方、チラシは欲しいエリアだけに絞って広告することが可能です。

CMは印象には残りますが、手元には残りません。チラシは手元に残せるというメリットがあります。

それぞれ一長一短があるのです。

最近、私の元に相談されるケースとして、増えてきたのは、チラシが以前ほど効かなくなったというもの。代わりにテレビCMをやりたいというのです。

チラシが効かなくなった理由として、考えられるのはネット環境の整備。

ネットでもニュースや新聞が見られるので、わざわざ新聞を買わなくてもよいのですね（チラシは新聞に折り込まれて配られます）。

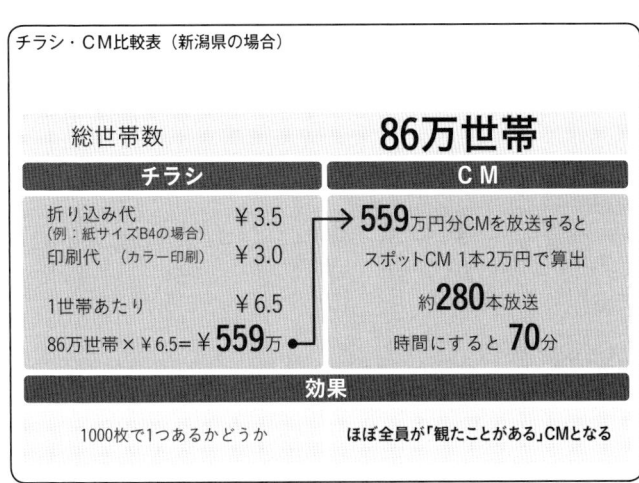

もう1つは、マンションが増えたこと。

マンションはセキュリティを厳しくしているため、エントランスにも入れなくなっている場合があります。その場合、新聞配達員はマンションの玄関に新聞を入れられません。郵便物と同じように、ポストに入れるのです。

マンションの住民は毎朝、エレベーターで一階に下りて、新聞を取りに行かなくてはなりません。パジャマで行くわけにもいかず、わざわざ着替えたりするので面倒。

その結果、新聞を取らなくなるのです。

このチラシが効かなくなった傾向は都心部で顕著です。マンションとネット環境が進んでいるためだと思います。

CM→ホームページ→購入という新しい流れ

スマートフォンの売れ行きに応じて、ホームページの重要性が高まっています。

今回取材した会社の多くはネットの環境、つまりホームページの整備を進めています。

ネットが普及していなかった頃は、CMを観た→電話で問い合わせ→行動→消費活動という長い動線でした。

しかし、今は、CMを観た↓スマホでホームページを検索↓消費活動と、とても短い動線となったのです。ゲームなどのダウンロードや、ネットショッピングなどはこの例によく当てはまります。

逆にいえば、ネットで売買できる業種の会社はCMに向いているとも言えます。

CMはソーシャルネットで拡散し、放送エリア以外でもネットで商品が売れる

おもしろい例を挙げます。

「マガシーク」という服をネット通販している会社が東京にあります。

このジャンルではゾゾタウンというサイトが1番で、マガシークは業界2番手です。

しかし、2番手と言ってもゾゾタウンの知名度は断トツ。そこでマガシークが広報の方法として選択したのがテレビCMでした。

その経緯をマガシークマーケティング部長の大森洋平さんに聞いてみました。

「やっぱりなんだかんだ言って、テレビは特に日本では影響力が大きい。

通販サイトは顔が見えないので、テレビでCMを流している企業イコール安心できる、みたいなところでも担保できます。

ＣＭは全部スポットで打ちました。

２０１２年の夏がテスト的なものでしたので東京・大阪・名古屋などで流してみました。２０１３年は東京・大阪・名古屋・北海道でどーんとやりました。

演出上も変というか、とぼけた感じのＣＭにしようと思いました。競合他社や百貨店のセールは『初売り』とか、べたに『来て来て来て』という感じのＣＭが多いので、マガシークは『うっかりセール』という名のタイトルにしました。

効果は如実に出ていて、ＣＭを打つ前とは全然違いますね。

ホームページ訪問者数が１８５％アップ、新規会員登録も２２０％アップ。認知度もＣＭを流した場所に関しては30％までいきました。

１年で認知度が８・６％から30％まで上がって、ＣＭを流していないところでも16・４％です。これは『うっかり』というフレーズが結構ネットで伝播していったというのもあって、非常に効果が高いという評価になりました」

この放送後の効果に注目していただきたいのです。

ＣＭを流していない箇所でも知名度が上がったということ。つまり、予想外なことが起きたのです。

放送していない都市で知名度が上がり、新規の会員が増えたのです。

調べてみると意外なことがわかりました。

CMがおもしろいというので、ソーシャルネットワーク内で話題になり、動画が拡散していたのです。CMが独り歩きを始めたわけです。

おもしろいコンテンツを創るとネットで話題になり、拡散する。

ネット時代ならではのことです。

第2章

ドキュメント、格安CMができるまで「みうらクリーニング」編

２人だけの撮影現場

2013年3月初旬、宮城県大崎市のとあるクリーニング店。

「はーい。オッケーです」とディレクターの声が響く。

撮影現場には通常ならば、カメラマン、音声マン、照明マン、ディレクター、プロデューサーなど多くのスタッフが参加します。しかし、この現場は違っていました。

主人公であるクリーニング店の社長とカメラマン兼ディレクターの2名だけ。だって格安で作るから。

モノを創るという過程において一番コストがかかるのが人件費。

今回、このCMを作るに際し、できる限りのコストカットに挑戦しました。

もちろん大勢のスタッフが居た方が、作りやすいし、作業も早い。機材も良いものを使った方が、うまく撮れる。

しかし今回は違う。クオリティーはある程度維持したまま、コストカットを優先する創りに徹したのです。

ここで皆さんが勘違いしていることがあります。

格安で創るということは人件費を抑えるため、下っ端の駆け出しディレクターが創ると思っていませんか？　それは大間違い。

現場を数多く踏んで得た技術がないと、現場はうまく回らない。

よってこの格安で創るということは、実は熟練したスタッフにしかできないことなのです。

例えば、主演が社長の場合で、ＮＧを連発したとしましょう。

「社長、今のシーン良かったです、日本一の笑顔でした！　では、次は世界一の笑顔をお願いしまーす！」

出演者がＮＧを連発していても、こうして場を盛り上げる気遣いができるのが、熟練者なのです。

今回、このCM制作を担当したのはメディアジャパンの社員、矢島靖（42）。映像業界に入って20年余りのキャリアです。

矢島は場を盛り上げ、出演者を乗せるのが上手い。今回は社長が主演ということもあり、矢島に依頼しました。

しかし、矢島はずっとテレビ番組制作畑《ばた》、正直、CMは創り慣れてはいない。逆に番組を創ってきた経験で、15秒という短い中でどう表現するのか、挑戦してもらいました。

私自身もテレビ番組制作の出身者。

最近、CMのお話をいただくことが多くなり、本業化してきました。

当初は「ええ、CMも創れますよ」という言い方をしていたのですが、最近は「はい、CMを創っています」と答えています。

ウソも100回言うとホントになるというけれど、それを地で行くノリです。

話を戻します。

ここでCMを放送する流れを簡単に紹介します。

CMを放送する流れ

打ち合わせ・下見
↓
絵コンテ作成
↓
テレビ局へ絵コンテの考査を依頼
↓
CMの放送スケジュール確認
↓
撮影
↓
編集
↓
試写
↓
本編集
↓
ナレーションと音楽付け
↓
試写
↓
テレビ局へ入稿
↓
放送

随分長い道のりです。

これは通常通りに創っても、格安で創っても、段取りとしては同じです。

では、どう違っているのか、この制作と放送の過程を追って説明します。

クリーニング店社長との出会い、笑顔が際立つキャラが立った男の登場

この店は「みうらクリーニング」といいます。

現在、宮城県大崎市で12店舗構えています。

出会いは長野県で、とある勉強会に参加したときのこと。

事業発表の場があり、みうらクリーニングの三浦芳徳社長がマイクを握りました。

「私たちは東日本大震災で被災しました。でもその困難を乗り越え、また事業を再開しています」

というあいさつの後、会社の朝礼の話になりました。

朝礼では、東北弁のラジオ体操をやっているとのこと。

「音源を持ってきたので、皆さんで一緒にやりま

「みうらクリーニング」外観

しょう」という三浦社長の掛け声とともに、聞き慣れたあのラジオ体操のイントロが流れました。

しかし、声は東北弁なのです。

一同、爆笑です。笑いながらラジオ体操をしたのですが、一番笑顔だったのは三浦社長でした。

この笑顔が人懐っこくて、とても印象的。キャラが立ったおっさんだなぁ、というのが私の第一印象でした。

笑顔の三浦社長

実はみうらクリーニング、勉強会で話題になっている会社の1つでした。

宮城県という地方にありながら、全国から洗濯物が届くという異質なクリーニング店なのです。

もちろん全国区の広告活動などはしていません。

どうしてなのか、映像制作者としては大変気になるところです。

機会があれば一度、行きたいなぁと思っていました。

念ずれば通じるとはこのことでしょうか。

同じ勉強会仲間の会社紹介ビデオを制作している中で、みうらクリーニングを撮影して紹介することになりました。

「やったぁ、現場が見られる！」と喜んで出かけました。

だって皆さん、全国から洗濯物が届くクリーニング店って、他にありますかね。

みうらクリーニング本社を訪問、驚きのギャップ「男前クリーニングって？」

矢島と私。仙台市でレンタカーを借りて一路、みうらクリーニングへ。

現場に到着。そこで驚きの光景を目にします。

店頭に出された看板には、「男前クリーニング」と書かれていました。

男前クリーニングってナンだ？　そこには写真がありました。

しわくちゃのスーツを着た若い男が、みうらクリーニングで仕上げた糊《のり》が効いたスーツを着ると男前になるというもの。

うーむ。このセンスか。微妙だ。

出迎えてくれた三浦社長は、工場内を丁寧に案内してくださいました。

「俺んちは、化学薬品を一切使ってないの。だから着心地良いわけ。ふんわりと包まれたような感じよ。そのために水は最高の軟水を使っているし、洗剤もこだわってるのよ。

ほらっ、工場内もいやな臭いないでしょ」

確かにクリーニング特有の化学臭というか、塩素臭などいやな臭いはない。

しかし、残念ながら動画では臭いは伝えられない。

さらに着心地というのもカメラではとらえにくい。

往々にしてあることなのですが、先方が「売り」にしていることは、私たち制作者には「売り」にならないケースも多い。今回もこれに当てはまる。

「俺んちのクリーニングだと、襟《えり》汚れなんてのは普通に取れる。新品より良い状態にしちまうから」とおっしゃる。

試しにと、その場で私はワイシャツを脱いだ。自慢ではないが、汗かきの私は襟足は人より汚れている。

襟足が汚くなって、汚れが取れなくなった結果、捨てているのです。

夜までには仕上げてもらえるとのこと、どうなるか楽しみ。

一通り工場内の説明を受けた後、私たちは外に出ました。

そのとき、目に入ったのがヤマト運輸の宅急便のトラック。ダンボールを降ろして、台車に載せて工場に運んでいます。

あれが、全国からやってくるという洗濯物か……。

私は質問しました。「社長、洗濯物って毎日届くのですか?」

「毎日、全国から届くよ。東京が多いけどね。多いときには一度に20箱くらい届くかなぁ」とさらっとおっしゃる。

「それってすごくないですか?」

「あっ、そう?」本人はあまり関心がなさそうなのである。

それより工場でのこだわりに関心が集中しているのだ。クリーニング職人として他社との技術的な違いに腐心しているのです。

当たり前になってしまうと、それが売りだと気が付かないことが多いのです。

みうらクリーニングでは全国からの洗濯物に対応するため、エリアごとに送料の料金設定がされている。それくらい多くの洗濯物がやってきているのです。

例えば、東京から送った場合、みかん箱くらいの大きさなら片道500円。

着払いで送ることも可能で、往復で1000円なのです。

料金はワイシャツは250円、スーツは1260円などと割安感がある。

季節の入れ替えなどで数が多い場合、まとめて出すと送料が掛かっても割安感があります。

ウリは着心地の良さ、さらにクリーニング独特のあの臭いがないことです。

隠れたサービスとして、取れそうなボタンなどを発見すると修繕してくれるのです。

こうして私たちは映像になりそうなネタを現場で発見します。

打ち合わせは飲みの場が最適。腹を割って話すことが大切

本来の目的は、弊社の取引先の映像を作ることなのですが、私はひそかにCMの提案ができないかと考えていました。

この宮城県は人口の割には、CMの料金が安いお奨めエリアなのです。

初めて会った日に営業的な話をするのも野暮だと思い、この日はネタの収集に徹することに決めていました。

下見と取材を終えた私たちは、ホテルに戻り、夜、三浦社長と飲むことになっていました。

ここで整理します。

三浦社長が言うところの売り

汚れが完璧に落ちる

仕上がり時にクリーニング特有の化学臭がない

工場にも臭いがない

仕上がりが良く、着心地が良い

男前クリーニング
　ほつれを発見したら修繕する

宮崎が見た売り
汚れが落ちる。ビフォアとアフターで比較が可能
ほつれを発見したら修繕してくれる
全国から洗濯物が届く
三浦社長の明るいキャラと東北弁

そもそも臭い系の話は映像には不向きです。

以上を踏まえ、映像的というかCMにして放送したときに危惧されるのが以下の点になります。

①汚れは作為的に見られることがある。
つまり、わざと汚れが落ちるものを使ったと言われかねない。
②ほつれはすべて修繕しているわけではない。それは発見できたら修繕しているからで、発見できない場合も考えられる。すると「うちのボタンは取れそうになっていたのに、

直っていない」などというクレームになりかねないのです。タダでやっていることが、クレーム対象になってしまっては本末転倒。

そうなると、私的には「全国から洗濯物が届く」「三浦社長のキャラ」の2点が売りというか、描くポイントになります。

そして夜。

宴席には、息子さん夫妻が同席してくれました。

子どもさんを連れてくるというのは、過去の経験上、好意の表れと私は思っています。こうした場は互いの距離が近くなる絶好のチャンスです。

会議室で机をはさんで打ち合わせするよりも、10倍以上の効果があると私は思うのです。

宴席では、三浦社長のクリーニングにかける熱い思いを、たっぷり聞かせていただきました。「クリーニングで人を幸せにしたい」と社長はおっしゃいます。

就職の面接、入学試験、仕事のプレゼンなど大切なときに、うちの着心地の良いクリーニングの服を着て、「決めてきて」ほしいというのです。だから「男前クリーニング」。

納得。

距離を縮めるには飲み会は大切

私は「男前クリーニング」では、何がすごいのかわかりにくいから、全国から洗濯物が届くクリーニング店の方が売りになると伝えました。

そもそも私たちが来た目的は、別の取引先の映像を作ること。みうらクリーニングのプロモーションを依頼されて来たワケではないのです。

三浦社長にしてみたら、何で初対面のこの男に批判されなくてはならないのか、という思いがあったであろうと想像できます。

しかし、私が三浦さんの会社が良くなればという思いで話したことは、伝わったのだと思いました。

短時間で互いが理解し合える方法として、私は宴席を提案したいのです。

格安CMを創るポイントはここにあります。

提案書を作ったり、コンテを描いたりしながら打ち合わせを重ね、イメージを形にしていく方法がオーソドックスなのですが、いかんせん時間がかかります。

それは人件費がかかることになり、その結果コストが高くなるのです。

それよりも相手が何を望んでいるのか、何を表現したら腑に落ちるのか、宴席でぶっちゃけ話をした方が距離が縮まり、意思疎通がうまくいくと思うのです。


大企業がCMを計画した場合、多くは数社の代理店が集められて説明会が催されて、そこでCMの目的が伝えられます。

そしてプレゼンがあり、その結果、良い提案が通る。

良い提案というのは、相手の意思を汲み取った結果だとも言えます。

相手を読むという意味では、宴席で私がしていることと同じなのだと思うのです。


その席で、私は仕上がったワイシャツを受け取りました。びっくりした！　確かに、襟足の汚れはすべて消えていました。

翌朝、着てみたら、なんともふんわりとして着心地が良い。なるほど、これが人気の秘密なのか、と納得。

しかし、残念ながら男前になったという実感はありませんでした（笑）。


追加情報。

今では、みうらクリーニングのホームページは「全国から洗濯物が届く」が売り文句となっていて、トップページもそう変わりました。

CMの放送枠を見てもらいました「えーこんなものなの」

後日、三浦社長に電話。

同じ勉強会に三浦社長が出席することを確認。その際に「提案したいことがあります」と伝えておきました。


当日、勉強会終了後、飲食店に移動。

「三浦社長、テレビCMをやりませんか？」と私は切り出しました。

「えー、うちはまだそんな会社じゃないから。それに高いでしょ。うちは払えないよ」

私はカバンの中から宮城県のスポット案を取り出して、見せました。

「料金はこんな感じです。放送1本、2万円くらいですよ」

「えーうそ、そんなに安いの。チラシより安いんじゃないの」

やはりテレビのCMは高いと思われています、食い入るようにスポット表を見る三浦社長。

このとき、社長に見てもらったのは、20万円分のスポット案です。

「三浦社長、やりましょうよ」

「宮崎さん、CMってさ、オレっちが登場したりするわけ?」

(やっぱり、乗ってきた)

「そうですよ、社長出演しましょうよ」

実は、私は当初から、三浦社長には出演してもらうつもりでいました。売りは社長の笑顔とキャラだから。

「でさ、どんな内容のCMになるわけ?」

「社長がハーレーで登場して、全国から洗濯物が届いているクリーニング店だから、一度、体感してください、みたいな内容です」

「いいじゃん」

「さらにナレーションは三浦社長、自ら読んでください」

「デビューじゃん、オレ」


口癖なのか、東北弁なのかわからないけど、よく「オレっち」とおっしゃる。

オレっちのクリーニングはちょっと違うぜ、と東北弁で言わせたいと思っていたのです。

「新聞広告を止めたらCMできるじゃん。やろう‼」と即決していただきました。

次なる野望とは……

次はCMの内容。最初に考えた案がこちら（次ページ）。

目的は売り上げアップと知名度アップです。


この絵コンテの狙いは、1つにしました。

多くの要素を詰め込んでも結局、伝わらないと意味がないから、極力シンプルにストレートにいきたい。全国から洗濯物が届くクリーニング店が宮城県にあるということを伝

「みうらクリーニング」CM絵コンテ

○ハーレーで登場する三浦社長

ナレーション

（仙台弁で）

■オレんちの
クリーニングは
ちょっと違うぜ！

○全国から届く多くの段ボールの山

（オイラの力で）

■全国から
汚れモノが
やってくるぜ！

○クリーニングされる衣類

■違いは
身体で感じてくれ！

○社員全員大集合

テロップ＆会社ロゴ

（全員で）

「みうらクリーニング！」

えたい、この1点にしたのです。

その結果、売り上げアップと知名度アップの目的が達成できると踏みました。

このCMを観た結果、地元民は、そんなクリーニング店があるのかと驚くと思ったのです。

その後、何回か観ると、何が違うのか1回試してみようと心が動くと、考えたわけです。

クリーニングの場合、いずれにせよ汚れ物をどこかに持っていかなければなりません。店を変えるだけだから、行動パターンに変化を起こしやすいと私は考えました。

ここで、キレイだの、速いだのと当たり前のキーワードは全く意味がありません。それらは一切排除し、インパクトを与える方向で考えました。

インパクトが大切だから、冒頭のつかみはもっとも大切です。

トップカットは三浦社長がハーレーで登場。最高の笑顔で決める。

ここで何のCMなのか、わからなくする目くらましの役目。

三浦社長自ら出演を望んでいらっしゃったので、冒頭の登場。

ここで東北弁のナレーション。

セリフと言葉のアンバランスさがウケると踏んでいます。

全国から洗濯物が届いているという事実を見せます。これは説明ではなく、絵で見せるのが説得力を増すのです。

最後のカットで社員全員、出演。これは会社の規模を見せるのに役に立つのです。

さらにＣＭをやっている会社という事実、自分もＣＭに出たということで、社員たちのモチベーションも上がるわけです。

CMにはダブル広告禁止というルールがある

絵コンテができたら、放送可能かどうかテレビ局の考査を受けます。

先にみうらクリーニングの企業考査。考査基準は、過去に事件、事故など問題を起こしたかどうか。

こちらは犯罪の履歴がないため、あっさり通過。

次は絵コンテ。実は、この絵コンテは何か所か引っかかると思ってました。

皆さん、どこかわかりますか？

1つは、冒頭のハーレー。

CMにはダブル広告禁止というルールがあるのです。1つのCMには、1つの宣伝しか認められないというものです。

例を挙げましょう。

タイヤのCMです。当然、画面には車も映りますね。

車のCMではなく、タイヤだとはっきりさせるため、極力車の車種を特定できなくするなどの工夫をしています。

さらに荷物を運ぶシーン。

業者を特定できないようにしなくてはなりません。これもダブル広告になるからです。

私が絶対に引っかかると思っているのは、「全国から洗濯物が届く」というナレーションです。

「全国は言いすぎだろう。本当なのか証明してください」とチェックされるに違いないと思ったのです。

ここまで予測して絵コンテを作成しているのです。これは経験則でできることで、駆け出しの人たちにはできません。

考査は経験がものを言います。

格安でＣＭを作る上で、かなり重要なファクターです。

私は考査を受けるときは、ギリギリの表現にしてあえて通りにくいレベルを目指します。考査の回答が今後の提案に生きるからです。

みうらクリーニングの場合、こんな回答でした。ほぼ予測通りでした。

・運送業者は特定できないよう工夫してください。
・全国から届いていることを証明してください。

この2点でした。それに対して、

・特定できないよう無地のジャンパーなどを着せます。
・注文票をいつでもお見せできる用意があります。

という回答をテレビ局に提出。最終的に全部、オッケーです。

いざ、撮影へ

絵コンテを三浦社長にメールでお送りしました。結果、「プロに任せる」とおっしゃいました。

通常ですと、本人を目の前にプレゼンをするのですが、前回の宴席が効いています。この距離を詰めておくことはとても大切です。

絵コンテが確定しているので、次は撮影のスケジュールと段取りです。

今回の絵コンテでは、雨が降っていないことが前提条件となります。

オープンな場所（屋外）で撮影の場合、天気は重要な要素です。

撮影の時間帯も大切です。時間によっては逆光になったりしますので、要注意。

その他のポイントは

・荷物搬入シーンの衣装

・社員全員が集合できる時間
です。それもメールと電話で確認しました。


2013年3月7日、撮影日。

当日はディレクターの矢島が東京から機材をもって新幹線で大崎市に入りました。

弊社は本社が名古屋、支社が東京にあります。全国どこでも対応可能なのです。

ここからのパートは、私は不在でしたので、矢島靖にバトンタッチします。


「ここからは矢島靖からのレポートです。

在来線に乗り継いで到着したのは新古川駅。『みうらクリーニング本社』にほど近い無人駅です。

カメラと三脚のみの約5キロの機材を伴って到着しました。

普通、CM撮影ではスタッフ数十人で、撮影機材もワゴン車に詰め込み移動します。しかし、今回の撮影は私1人。

三浦社長と本社で合流。

早速、絵コンテをもとに撮影の段取りの確認を始めました。

撮影日をこの日に決めたのは、みうらクリーニングの支店長会議が本社で行われるためです。約20名が集まるとのことで、集合映像が撮れるためでした。

午前中は工場内の様子を中心に、三浦社長ご本人によるナレーション部分を撮影することに決定。食事をはさみ、スタッフが集まる午後からは、集合映像の撮影という段取りにしました。


午前中、工場が一番活気にあふれる時間に撮影を始めました。

このとき、あることが印象に残りました。

機械任せではなく、思ったより手作業が多かったことです。

1つ1つ手作業で丁寧にクリーニングしていることが伝わるよう、三浦社長を含め社員を中心に撮影しました。

もちろん絵コンテを想定した撮影なのですが、後でどうなるかわからないので、応用が利くように、多めに撮影しました。


そしてナレーションの収録。

通常のＣＭでは絵を作ってから、絵に合わせて録音スタジオでナレーションを収録します。

そうしますと、三浦社長に東京までお越しいただくことになります。

私たちもスタジオを用意しなくてはいけません。

両社の経費を浮かすため、現場でナレーションを収録する選択をしました。

私たちが用意した絵コンテは標準語で書いてあります。

これを三浦社長に、東北弁（ズーズー弁）に翻訳していただきました。

『こういう言い方って、どうしたらよいのだろう。普段、無意識のうちに話しちゃってるからなぁ』と三浦社長は言いながらも、東北弁にしていきます。

翻訳するのに戸惑ったのは、『全国から汚れ物がやってくるぜ』という部分。

私は三浦社長と初めてお会いしたときから、会話の中で使われているのが東北弁（ズーズー弁）だと思っていました。よって標準語から日常的に使っている東北弁への翻訳は、簡単な作業だと思い込んでいました。

しかし、そうでもなかったのです。

『本当に、これで合ってるのかい？』『ズーズー弁だとなんて言う？』三浦社長は周りの事務員さんに聞いてまわる始末。

そしてこうなりました。

『なんと全国から汚れ物がやってくるんだどー』


ナレーション収録開始。場所は事務所内。

物音1つ出さないよう周囲に呼びかけ、まずはリハーサル。三浦社長、案外上手い。

『オレっち、劇団の経験あるから読むのうめーぜ』社長、さすがです。

録り直しもさほどなく終了。


三浦社長とは、先日、下見をしたのち一度、飲んでいます。

その席には息子さん夫婦も同席していました。

今までのやり取りの中で感じたことは、この人はかっこよく登場したいというか、かっこよく映りたいのだなぁということです。

もう1つは、今までやってきたことを何か形にして残したいのではないかと思いました。

それは後を継ぐ息子夫妻へのメッセージでもあると思ったのです。


朝お会いした後、私に言った言葉が印象的でした。

『周囲の仲間に、うちはCMやっから観てねって言っちまったよ』。すごく楽しみにしてくれているのだと思うと、大プレッシャーです。

こうした事情から絵コンテ以外の作品が作れるように、余分にカメラを回しておこうと思ったのです。

さらに現場で感じたものを残すため、ナレーションも別バージョンを収録しました。

結果、絵コンテを形にしたモノ、今回の現場で感じたモノの2作品を作ることにしました。

そしてお昼をはさみ、午後の撮影へと入ります。

午後1時。

『早く集まれー』

三浦社長の呼びかけとともに、本社に集まった約20名のスタッフが外に出てきました。

広い敷地内にある三浦社長自慢の芝生の上。ここが集合映像の撮影舞台です。

3列に並ぶよう促しますが、少しシャイな皆さんは前列の譲り合い。

でも、現場を仕切れる女性スタッフも中にはいらっしゃいまして、『〇〇さん前、あなたはココ』と、段取りよくマトメてくれます。

私1人の撮影だと、現場を仕切れる方がいらっしゃるとうれしいものです。

この集合映像が、みうらクリーニングCMのラストカットとなる予定です。


撮影が終了したのは夕方4時。

『CM楽しみにしています。お疲れさまでした』皆さん、声が大きい、さすが接客業です。

みうらクリーニングの社員の皆さんとお別れし、三浦社長と駅前の居酒屋へ。ちょっとした反省会です。


三浦社長は言います。

『俺っちにとっても節目《ふしめ》のとき。今年はいろんな面で良いことがありそう。積み重ねてきた集大成を思い切ってやっていきたい』

反省会は大いに盛り上がりました。

私は、最終の新幹線で帰路に着きました。

私の頭の中では2つの作品がすでに出来上がっていました。

三浦社長、社員の皆様、お疲れさまでした」

以上、矢島のレポートでした。

テレビ局とのスポット線引きの交渉

いつから放送するのか。

クリーニングという職種を考えると、狙い目は衣替えです。

4月はまさにそのタイミング。冬物の厚手の衣装がどっさりと出てきます。

テレビ局にはスポット案を出してもらうよう要請してありました。テレビ局との窓口の仕事は私ではなく、代理店部門が担当します。

私は映像制作会社「メディアジャパン」と広告代理店「メディアジャパンエージェンシー」と、2社を経営しています。そのことによって、自社敷地内で企画から放送まで一貫して作業が行えます。

全国的にみても、とても珍しい形態だと言われます。

数多く代理店がある中で、弊社は売り上げの95%がCMや特番などのテレビ媒体です。

つまり、テレビに特化した会社となっています。

名古屋が本社ですが、全国のテレビ局にCMを出稿しています。

みうらクリーニングを担当しているのはエージェンシーの巌田《いわた》紋子《あやこ》。明るく元気な彼女は、どこに出してもかわいがられる存在です。

今回は、東北エリアの局と今まで折衝《せっしょう》してきた経験から、彼女に依頼しました。宮城県はテレビ東京系列を除く、4局あります。

どの局にしようか。

みうらさんからの指定は特になかったので、こちらで選定します。

初回の放送額は20万円。1局に絞って放送します。

視聴者ターゲットは、クリーニングだから、主婦がメインですが、子ども以外は見られるように設定しようと決めました。

どの商売も同じだと思うのですが、扱い高が大きいほど、有利な商売ができます。

過去、どれだけの売り上げを出稿したかによって、代理店と局の間でも扱いが変わるのです。今回、決めた局は弊社とは結構な額の扱いがありました。

金額の交渉は営業担当者間で行われます。

人間同士なので、やはり気が合う、合わないもあります。

視聴率の違いによって、同じエリアでも料金は各局違います。

当然、視聴率が高い局の方が割高になっています。

「無理が言える」プラス「視聴率」と、「料金のバランス」を考慮して、某局となりました。


局から届いたスポット案を見て巌田は言います。

「主婦狙いということで、昼間の再放送のドラマ枠が多いから、これをやめて、もう少しニュース番組か情報番組へ振りましょうか」

そうなんです。地元民が見ている番組でいうと、ニュースと地元情報番組は外せません。


私は本数重視よりも、質を重視しようと巌田に伝え、局に改案をお願いしました。

本数を減らしてもよいから、より視聴率の見込める枠に移動しようという意図です。

こうした調整を私たちは「改案」と呼んでいます。より狙った視聴者に観てもらう工夫をするのです。

ただ「放送しました」では、結果は出にくいですから。

▷ 荒編集が上がってきた……が……

3月15日、矢島が編集の第1弾を上げてきました。

編集は、以前はテープが中心でしたが、現在はほとんどデータでの編集、つまりパソコンで行います。

テープで収録後、データとしてパソコンにコピーして使用しています。

ディレクターも編集を行うのですが、今回は緻密な作業が伴うので、編集専門の担当者と行いました。

名古屋には、編集担当の高田愛子というものがいます。

東京の矢島と名古屋の高田が遠隔で編集を行いました。

そんなことができるのもインターネットのおかげです。

スカイプで回線をつないで、ネット中継でのやりとりで進めました。これも低額で創るためのポイントです。

実際に移動していますと交通費がかかりますからね。

それで上がってきたのを見てみました。

当初予定していた絵コンテと、もう1つ上がってきました。

これは矢島が現場で感じたことと、三浦社長に言われたことを形にしたと言います。

これを観て私が感じたこと。

元々の絵コンテ案の感想。

「しまった！　東北弁にしてしまったことで、勢いがなくなってしまった」

三浦社長の口調は、共通語を話しているけれど、どこか東北なまりなのが、おもしろいのだ、とハタと気が付いたわけです。

東北弁だと、そのまんますぎておもしろみに欠けるのです。

これは、私がナレーションを収録している場にいたら、気が付いたかもしれません。

元々の共通語も読んでもらったらよかったのです。

いずれにせよ、私の指示ミスです。

さらにナレーションを先に録ったこともあり、絵をナレーションに当てはめている感じが出ているのです。

やっぱり段取りを逆にすると、うまくいかないものですね。

一方、矢島案は却下しました。

なぜ、却下したのか。それは三浦さん側に立ってしまったからです。

三浦さんのお客さんへの思いが強すぎて、伝わりにくい表現になっていたからです。

これは表現方法としてはアリなのですが、今回初めてCMを放送するとなると、この手の内容は後です。

自分が言いたいことを形にするのも大切なのですが、まずはインパクトです。

インパクトがある方が定着してからなら、矢島案も放送してもよいかなと思います。

矢島には「ウェブのトップ画面に置くのならよいと思う」と言いつつ、右で述べたような説明をしました。


問題はナレーションです。事情を話し、三浦社長には東京のスタジオにお越しいただくことになりました。

まさしく三浦社長のおっしゃった、デビューです。

この失敗というか、このこと自体を生かさないとおもしろくありません。

東京のスタジオでは、三浦社長には、東北弁と共通語の2バージョン読んでいただきます。共通語編と東北弁編の2つを完成させるのです。

そして放送には、たまに東北弁を流します。

どうでしょう、10本に1本くらいでしょうか。

同じ絵なのに違うナレーション、これってちょっと話題になると思いませんか？
さっそく、巖田に連絡しました。
同じ絵なのに違うナレーションは放送可能か、局に問い合わせしてもらうためです。
最悪、冒頭にテロップで東北弁編と入れることは可能だと伝えました。
視聴者を惑わせないための配慮です。

２０１３年3月29日「みうらクリーニング」ＣＭ放送当日。

「撮影と編集を担当した矢島でございます。
一面枯れ草が残る東北地方、２両編成の陸羽東線に揺られていました。
この日、宮城県民２３０万人の視聴者へ向けＣＭが流れます。
『無事に放送されるか』という不安感と、『ＣＭ放送後の視聴者からの反応はあるか』
という期待を胸に、みうらクリーニングの本店へと向かいました。

いつもと変わらぬみうらクリーニング。皆さん、気持ちの良いあいさつで迎え入れてくれました。

2階にある事務所へと案内されたのち、テレビのスイッチを入れ、椅子を並べ、撮影用の機材をセッティングし、放送を待ちます。
自社のテレビCMが流れた瞬間のスタッフのリアクションを映像で残すためです。

放送30分前。
三浦社長が工場から2階へと上がってきました。『何時から流れるの?』
平常心を装う三浦社長の表情には、どことなく緊張感が感じられました。
次々と社員も上がってきました。
『俺っち有名人になっちゃうなぁ〜』と三浦社長。

放送5分前。
三浦社長から言葉がなくなりました。ただ無言でテレビを見ていました。
そこで私はカメラを回し始めました。

そして――。

16時50分。放送の予定時刻にあと少し。

水戸黄門の再放送のエンドロールが流れ始めた。事務所内は皆、テレビの画面を凝視《ぎょうし》し静まりかえりました。

次に始まる地元ニュース番組の、最初のＣＭチャンスで放送される予定です。

その一発目に流れたのが『みうらクリーニング』。

『きたー！』

社内が一気に盛り上がる。

女性社員からは『うわー』とほぼ絶叫。

三浦社長は微笑。口元だけが緩《ゆる》んでいる。

15秒は短いものであっという間。三浦社長が社員の顔を見渡し始める。

『よかったのかなー？』。率直な反応だろう。

『パンチあったねえ』。部長も笑顔で喜ぶ。社員からは『恥ずかしいー』との声が上がった。

普段は何気なく観ているテレビも、当事者になり立場が変わると緊張するものでしょう。放送後、緊張感が抜けない三浦社長の顔がありました。

そんなとき、天使の声が……。

『じじ、かっこ良かったよ』。別の場所で観ていた三浦社長のお孫さんが事務所に現れたのでした。

『ホントにー？　ありがとう』

三浦社長から笑顔がこぼれたのは、放送して20分たってからのことでした。

私は、社員の皆さんの盛り上がった光景を目の当たりにでき、制作者として至福の時間を過ごすことができました。

三浦社長の笑顔も撮れ、撮影を終了することができました」

この放送時の撮影分も含め、みうらクリーニングCM放送までのドキュメンタリー映像として、本書の巻末に付けたDVDに収録しました。ご覧になってください。

ホームページのアクセス数が5倍に跳ね上がった

放送後の反応はバッチリ現れました。

ホームページのアクセス数が5倍になったというのです。

CMを観た視聴者が「全国から汚れものが届くクリーニング店」ってホントか、と思って検索したと思われます。

まさしく狙い通りです。


最近の視聴者の行動パターンですが、私はこう考えています。

CMを観た→スマホで検索→行動、という形です。

スマホを片手にしながらテレビを見ているのです。

これってどこでも見られる光景で、喫茶店や居酒屋などでもスマホを見ながら会話していませんか。

これが最近のパターンなのですが、まさしく今回もそのパターンに沿った結果がでました。

視聴者が検索するきっかけになるキーワードを入れることが大切です。

この「全国から汚れものが届くクリーニング店」というキーワードの発見、つまり制作者の取材力が、今回は生きたと思っています。

チラシを大量に配布しても、おそらくホームページのアクセス数が5倍になるという現象は起きにくいと思います。

スマホ片手にテレビ視聴、というスタイルがこの反応を生むのです。

あとはアクセスが増えることによって、来客数が増え、売り上げが上がることを期待したいのですが、それは半年ほどデータを取ってから、検証してみたいと思います。

取材をするということ。映像現場での目線

このみうらクリーニングさんの制作経緯を読んでいただいた皆さんは、私たちプロの目線にお気づきになったことでしょう。

プロの目線とは、わかりにくいことを伝えやすくすることであり、視聴者にどう届くかを考えることなのです。

それと、難しいことや伝えたいことを、絵に置き換えるとどうなるか、ということも考えています。

それと、もう一点あります。取材力です。

クライアントが何を考えているのか、を引きだす能力です。この能力があることで、映像制作は成立しているのです。

クライアントが考えている以上の作品をお見せしないと、感動してくれないのですね。

例えば、秋田の県北石材工業さんのＣＭを制作したときのこと。川上社長との打ち合わせの中で、気になったことがありました。

県北石材工業さんは北秋田市というところにあるのですが、高校を卒業すると同級生の半分は、東京などの都市に就職するか、進学するのだそうです。

豪雪地帯なので、年のうち４か月ほどは雪に覆われます。そのため、地元は農業などの第一次産業が主な産業です。

今も、冬には出稼ぎに出る方も多くいるとのことでした。

ＣＭをやるというのは、１つの達成感があると私は考えています。

会社の新製品の発表だったり、周年行事の一環など、節目や記念行事的にＣＭが使われることもあります。

ＣＭは高額と思われているので、儲かってからやるみたいなイメージもあります。儲かっている会社、頑張っている会社という打ち出し方（イメージの与え方）ができるのです。

川上社長は父親から石材店を引き継ぎ、ずっと地元で頑張ってきました。この頑張っている感をＣＭに出してあげたいと思っていました。

そこで提案です。

「社長、ワンカット出演しますか?」

オレはこの地でずっと頑張ってきたんだ、という感じを出したくて、「安震《あんしん》はかもり」という伸びる特殊ゲルで作られている商材を思いっきり引っ張ってもらいました。

川上社長には、こんな意図は話していませんが、頑張っている感は出たのではないかと思います(笑)。

では、私たちがどんな目線で見ているか、例を挙げて説明します。

とある住宅メーカーの場合。その広告担当者は、こう考えていました。

「うちはお客さんのために安心安全な家作りをしている」。視聴者に届けたいテーマは「安心安全」です。

目的はお客さんからの問い合わせを増やすこと。

さて、これを絵にするとなると、どうなるか。

その担当者は、こう考えていました。家を見せて、その後に営業マンと大工をみんな集めて、安心安全の家作りと言ってもらおう。

これでは、そのままです。

私が取材したところ、こんな事実が判明しました。

その会社は営業所から車で30分以内のエリアしか住宅を建てないと決めています。それは何かあったときにすぐに駆けつけられるようにするため。その時間を30分と決めていました。

営業マンは全員、携帯電話は24時間出られる体制になっています。携帯電話を枕の脇において寝ているという営業マンもいたほどです。

儲かっている会社には理由がある、他社がやっていないことが必ずある。

この30分のエリア内しか住宅を建てないという事実を絵にしたらよいのです。

例えば、1案です。

寝室、夜中に携帯電話が鳴る。

即座に起きるパジャマ姿の男。携帯電話を取る。「はい、わかりました、直ちに向かいます」

車のエンジンキーを回す。走り出す車。中にはスーツ姿の男。

ここでCG、30分のエリアを表す円。

ナレーション（NA）男は駆けつけるのは車で30分以内と決めている。

某お宅に到着、玄関を開ける。「大丈夫ですか?」

いつもあなたのそばに、××住宅。

こんな感じでしょうか。

お客さんからは「宮崎さんは、プロだからイメージができるのであって、私たちは素人だから無理です」とよく言われます。

それももっともですが、こう考えてください。何かのドラマのシーンに置き換えるとイメージしやすくなります。

この「30分以内に駆けつける」というキーワードから想像できるのは、刑事ドラマでしょうか。

そう考えると、営業マンを刑事ふうにしてイメージするのはどうでしょう。こんなストーリーになりませんか。

人はそれぞれ特定の出来事や、言葉に対してイメージを持っています。

過去、さまざまな映像を観ているので、イメージはある程度、固定化されているはずです。そのイメージに近づけることで、共感してもらえるのです。

伝えたい側と受け手側がイメージの共有ができたとき、お客さんに行動が起き、お客さんが増えるのではないでしょうか。

もう1例紹介します。

結婚式場の場合です。

目的はお客さんからの問い合わせを増やすこと。

担当者は、こう考えていました。「うちの売りはイタリアから直輸入しているドレスと豪華な式場。それと立地条件がよいこと」

視聴者に届けたいのは、イタリアから直輸入しているドレスです。これを絵にした場合、モデルに着せて、式場内で撮影という感じでしょうか。

これだと普通ですよね、

私が取材した結果、一番の売りは、ウェディングプランナーたちの人柄でした。カップルが結婚式を挙げた後も、お客さんとメールの交換をしていました。

その内容は、新婚旅行の出来事や、新居の生活、赤ちゃんが生まれた、などです。よほど印象に残った結婚式だったのだと思います。

結婚式場を決めるとき、多くのカップルは複数の会場を下見します。何か所か回っているうちに、どちらかがこんなことを言います。

「あの人が良さそうだったから、あの人のところにしない？」と。

最初は会場の良さなどで探しているのですが、最後は人で選ばれるのです。


うちのプランナーに会ってください、と伝えた方が良いと思うのです。

「挙式後もプランナーとメル友。一体どんなサプライズ挙式だったのか。あなたも体感ください」というのが正解ではないでしょうか。

モノでは、人の心は動きません。動くのは人の笑顔など、人間を表現した場合なのです。


こうしてテーマを絵に置き換えるというと難しい作業と思われますが、実際にすでに社内でやられていることの方が多いのです。

毎日のことなので、埋没してわかりにくくなっているのだと思います。


灯台下暗しではありませんが、足元を見直してみると、すごい発見があるのです。

私たちは、要はそれを改めて発見をしていく作業を行っているわけです。

テーマを絵にするということについては、おわかりいただけましたでしょうか。

第3章

なぜCMが安くなったのか

テレビは不況業種

現在、テレビ局の3～4割程度が赤字と言われています。地デジ化のときの高額な投資、視聴率低下による広告収入の低下などが原因と言われています。

その結果、テレビCMは以前に比べ、低価格になりました。

最近、テレビを見ていて、テレビ局自体の番組宣伝CMが多くなったと思いませんか？

実は、以前とは違ってCMの枠が売れないので、やむを得ず番組宣伝CMを流しているのです。

元々自社番組を宣伝する枠というのもあるのですが、最近、とみに増えた気がします。

一方、DeNAやグリーのように、CMはやり方次第で儲かるのです。儲かるという事実が、一般の企業に伝えられていないのです。

もったいないと思いませんか？

「企業の皆さん、うちでCMを流しませんか？」と、テレビ局自らプロモーションを行ったらどうか、と私は思うのです。営業努力が足らないんじゃないか（笑）。

私は、未だにテレビ局が「うちでCMを放送しませんか」というCMを見たことがありません。もしかして私が見逃していただけかもしれませんが……。

どうしてなのか、すごく不思議です。

本を書くという良い機会なので、全局にアンケート調査をお願いしてみました。「うちの局でCMを放送しませんか」というCMを放送したことがありますか？回答があったのはおよそ半分の局です。予想通り、大方はないという回答です。一部、ホームページでは案内しているという局はありました。

「うちでCMを放送しませんか」というCMを流さない理由を集約すると、次の2つになります。

①CMを誘導するCMを放送すると、うちの局に問い合わせが来てしまうから。
②CMは広告代理店が営業をするものだから、局は営業しない。

解説します。

うちの局に問い合わせが来ると困るというのは、放送局は免許事業だからです。放送以外の業務は基本的にできない仕組みになっています。

CMというのは、動画の制作と放送の両方が合わさって成立します。放送局なので、放送は業務内、制作は業務外なのです。

問い合わせがあった場合、特定の代理店を紹介しますと、問題が発生します。えこひいきになるからです。お客さんを連れてきてくれる広告代理店は皆、平等に扱わなくてはならないのです。

ではどうして広告代理店が介在するのでしょうか。

実は、テレビ局は広告主から直接、放送料を受け取らないという原則があるのです。料金は代理店から受け取る仕組みになっているのです。

テレビ局は株式会社ではありますが、放送機関です。ニュースを放送したり、災害時の対応を行います。

スポンサーが倒産して放送料金が受け取れなくなると、テレビ局も経営の危機に直面しないとも言えません。そのための回避策として、広告費は代理店から受け取るのです。

ＣＭは代理店が販売するものであって、局とは切り離されている。局は場所貸しみたいなものと言っているのです。

事実、どの商品がどれだけ売れたなど、ＣＭの効果は放送している局にはフィードバックされません。

効果が絶大とわかると、ＣＭの料金を上げられてしまいますからね（笑）。そういう意味では、テレビ局と代理店は持ちつ持たれつと言えます。

では、企業のトップもしくは広告宣伝の部署の方たちが、CMを放送したいと考えたとき、広告代理店しか扱っていない（一部例外はありますが）と知っているのでしょうか。こうしたテレビ広告業界の固有ルールがあり、それが皆に知られているという前提条件で、事が進められているということを覚えておいてください。

では、視聴者からCMを放送したいという問い合わせがあったらどうするのか。

局の営業担当者に聞いてみました。

「相手の事情次第ですが、基本的には私が取引している広告代理店を紹介するか、自局の子会社を紹介することになると思います」とのこと。

テレビ局は営業努力不足、説明不足

このアンケートを読んでいくうちに、私が思ったこと。

やはりテレビ局は、営業努力不足で説明が足らないのではないかと（笑）。

正しい情報が発信されていないので、一般企業の社長たちはCMは高いと思い込んで敬遠しているのです。効果がちゃんと伝えられないので、敬遠されるのです。

一般企業ではちょっと考えにくいことです。

私は番組制作者でもあるので、テレビ局がこれ以上弱体化すると番組制作ができなくなるので、ある意味、死活問題なのです。

この本は、テレビ局の救済策も書いてあり、とっても意義ある内容になっているのです(笑)。

▷視聴率はどうやって計測しているのか?

その答えは、ビデオリサーチという会社が計測している、です。

簡単に説明しますと、一部の家庭のテレビには計測器がつけられています。このテレビが今、何チャンネルを見ているのか、随時、データを集計して、まとめた結果が視聴率です。計測器がつけられていないテレビがどれだけ見られていても、視聴率には全く反映されないのです。

お客さんと会っているときなど、私が関わっている番組名を口にしますと「ああよく観ていますよ」とおっしゃる。つられて私も「ありがとうございます」と言ってしまうのですが、内心は意外にどうでもよいと思っています（笑）。

その人が観てくれても、計測器がついていないテレビなら、視聴率には関係がないからです。

ビデオリサーチの計測器がついているとわかったら、平身低頭ですけどね。

ではどれだけの台数設置されているかといいますと、東京、名古屋、大阪の大都市圏は1都市あたり600台。その他の政令指定都市あたりで200台です。

「たったそれだけ？」って思われる方、多いと思います。しかし、統計学的には、この数でも問題がないということなのです。

このビデオリサーチ1社からの情報で、業界全体が一喜一憂するというのはすごいことです。

一般的には独占禁止法に触れるのではないかと思われます。

実は、以前、アメリカからビデオニールセンという会社がやってきたのですが、撤退してしまいました。結果、1社の独占状態になったワケです。

地デジ化になり、テレビは携帯電話やスマホ、カーナビでも観られるようになり、場所を選ばなくなりました。この家だけのテレビでの計測方法が本当に正しいのか、議論されることも度々あります。

私は番組制作者としては、視聴率は狙って取れるものではないので、視聴質で見てもらいたい。しかし、代理店業としてみると、視聴率を使う方が営業がしやすい。

本当に難しい問題です。

視聴率＝価格になった弊害

現在、視聴率が基本数字となって、CMは売買されています。

大まかに言いますと、1パーセントの視聴率は何世帯が観ているので、1パーセントあたり××円という価格で取引されるのです。

番組全体の平均視聴率が上がれば、1パーセントあたりの価格も上がるわけです。

こうした結果、視聴率＝売り上げとなってしまいました。

テレビの創成期には一社提供の番組が多くありました。しかし、現在はあまりありません。

その違いは何か。

創成期には、現在の大企業は創業者が社長をしていた時代でした。

時代は高度経済成長期。

「わが社の製品を購入してくれたお客さんに良質な番組を提供したい」という思いで、一社での番組提供を行っていたようです。

しかし代替わりをした現在。以前ほどモノが売れなくなった現在。

テレビは自社製品のPRの場所として存在することとなったのです。だから視聴率が数字化されてしまったのです。

同時に、番組も視聴率が取れそうな内容を制作するようになってしまいました。

ネットはこちらからアクセスしなくてはならない能動的な媒体です。しかし、テレビほどの情報発信ができる媒体は他にはありません。

受身で黙っていても情報が入ってくるのです。

まだまだテレビは今後もメディアの筆頭であると私は信じています。

CM制作費も安くなったわけ

放送料金が下がっているだけではなく、動画制作費も下がっています。

主な理由は、競争が激しくなったことで低価格にしないと仕事が取れなくなったこと、それから以前にくらべ、機材の質が上がったためです。

例えばビデオカメラですが、以前は1台1000万円くらいしました。私たちは「肩乗りベンツ」と呼んでいたほどです。

しかし、今ではそのカメラの画質程度ならば、100万円以内のカメラで撮れてしまいます。

編集機も、以前は一式数千万円の投資だったのですが、同じかそれ以上のことが、パソコン一台でできてしまうのです。

この初期投資が抑えられることが、制作費全体を押し下げる理由となってしまいました。ですので、今は低価格で、ずいぶんクオリティーの高い作品ができるようになったのです。

放送料金の低下と制作費の低下のダブルの低下。ホントに今はCMの狙い目です。

第4章

こうすれば CM戦略はできる

では、実際に事を進めるに当たって、手順を説明しましょう。

ステップ① 最初に主な流れを理解する

CMフローチャート

テレビ局へ企業考査を依頼
↓
打ち合わせ・下見
↓
全体スケジュール作成
↓
ＣＭコード申請
↓
絵コンテ作成
↓
絵コンテ確認
↓
テレビ局へ絵コンテの考査を依頼
↓
ＣＭの放送スケジュール確認
↓
仮編集①
↓
試写
↓
修正
↓
仮試写②
↓
本編集
↓
ナレーションと音楽付け
↓
本編試写
↓
放送用テープへコピー
↓
テレビ局へ入稿
↓
放送

おおよその日程ですが、私がＣＭの依頼を受けた場合、最初の打ち合わせから放送までは平均3か月ほどかかっています。

早い場合で、1か月程度でしょうか。

実は意外に時間がかかるのが、考査という作業です。

これについては後述します。

ステップ② 何を伝えたいのか、目的を明確にする

目的＝伝えたいことが何かを明らかにします。

絵コンテなど内容を練っているうちに、目先が変わり、だんだん目的があいまいになります、しまいにはCMを創ること自体が目的になっていたりします。

そうした間違いを避けるため、目的を明確にしておきましょう。


目的はなるべく1つに絞った方がうまくいきます。伝えるのは商品なのか、サービスなのか、会社名なのか。

パターンとしては、商品名があって、最後に企業名で締めるとか、サービス内容があって、最後に企業名で締めるというのがオーソドックスな形です。

最初に企業名でもかまいません。


例えば商品を伝えることを目的としてCMが作られることになったとします。

その場合、その商品の何がすごいのか、特徴は何かを明確にして、ほかの要素を入れないことが大切です。

せっかくＣＭを創るのだからといって、あれもこれもと宣伝文句をてんこ盛りにしたところで、はっきり言って伝わりません。

まずはその商品のすごさや特徴を文字で書いてみましょう。

頭の中だけで、描いてみてもなかなかまとまりません。

弊社では次ページのようなシートを使っています。

言葉を映像に置き換えるために使います。私たちはこれを「魔法のシート」と呼んでいます（笑）。

社会人向けに、自社で映像を作れるようにするための映像教室を開催しています。

その際、頭の中を整理するために、このシートを使っているのです。

一度このシートに、考えていることを落とし込んでみてください。

そして、ＣＭの目的の１つ、誰に伝えたいのか、届けたいのかも大きな要素です。

この誰に届けたいのかを決めることが、どのテレビ局で放送するか、どの時間帯のどの番組が良いか、を選ぶのにつながっていくのです。

言葉を映像に置き換えるための「魔法のシート」

書けば台本になる魔法のシート ★ あなたが商品を販売するとき、顧客に伝えていることを思い浮かべて書いてください ★

この映像を誰に見せたいですか？ （例：30代 女性 アパレルに興味あり）

お名前	
今回動画にする商品	

	質問		質問にお答えください	左の内容を映像にするなら何を撮影しますか？
1	**この商品で最も伝えたいことは？**			
	あなたの紹介したい商品は？			
2	**商品の強みは？** ウリ・セールスポイントなど差別化のポイント （最大3つまで/最も伝えたいことと同じでも可） 営業時お客様が最も興味を持つポイント			
3	**商品の使い方は？** 営業しているときに 使い方を説明している場合は お書きください			
4	**お客さんから言われて うれしかった感想は？**			お客様へのインタビューを撮影する
5	**この商品の 開発過程の エピソードについて お書きください** （同じ話が他の欄に 出てきても OK）	なぜ開発したのか		担当者インタビューを撮影する （どこで撮影するかアイデアがあれば書いてください）
		誰に向けて		
		どうしてその人のために？		
		お客様に伝えたい裏話		

※このシートのデータがほしい方はメディアジャパンのホームページからダウンロードしてください

ステップ③ 予算を決める

私は最初に打ち合わせにうかがった際には、どれくらいの予算を考えているのか、を必ず聞きます。

お金の話は後回しにしますとトラブルの元になるので、最初に話すのです。

予算は大きく分けると2つあります。

動画（私たちは放送素材といいます）の制作費と放送料金です。

動画制作はいくらぐらい、放送料金はいくらぐらい、と大まかに決めましょう。

その目安として1日1本を提案します。

「どれくらい放送したら効果的ですか？」とよく聞かれます。

その際、あくまで目安ですが、1日1本程度は放送されたらどうですか、と答えています。

「ずいぶん適当なことを言っている」と思われるかもしれません。

実は、提案の方法としては、GRP（CMの総視聴率）といいまして、視聴率から算出する効果を表す数字があるのですが、今回は初めてCMを放送する方を対象にした本ですのでGRPについては割愛します。

1日1本とさせてください。

それくらい放送しますと、私の経験では周りから「CM観たよ」という反応があり、仕事にも反映されてきます。

次に、具体的な放送料金を知りたいですよね。

自分の住んでいるエリアでは、どれくらいの金額で放送できるのでしょうか。

実は、料金は公開されています。放送するエリアの人口に応じて決まっているのです。

日本広告業協会発行『放送広告料金表2012』という本があります。

例を挙げましょう。

新潟エリアの深夜・早朝のCタイムのスポット料金は一律1本(15秒)あたり60000円。

同じく四国・岡山エリアは一律65000円。

同じく福岡は一律80000円といったところです。

ただし、実は放送はこの正価では行われていません。

この正価に対して御社の場合、何％でよいですという価格が出てきます。これを「掛け率」といいます。

一般には割引と呼びますが、業界では掛け率と呼んでいます。

実はこの掛け率、業種によっても違うのです。一般的な会社であれば割引があります。しかし、消費者金融は高額となっています。


お気づきになりましたか。

そうなんです、消費者金融のＣＭを増やすと局は売り上げが上がるのです。

ＣＭは放送できる量は決まっています。ですから１本あたりの単価を上げること＝売り上げアップになるわけです。


ならば消費者金融のＣＭを増やしたらいいじゃないか、と思いますよね。そうすると特定の業種のＣＭばかりが増え、視聴者離れが始まる可能性があるのです。

このバランスというか、匙《さじ》加減が難しいようです。


さらに最低価格といいますか、１本ならいくらで放送できるのでしょうか。金額ならいくらから放送できるのでしょうか。

ビックリ!! 1本からの放送は可能です

今回、全国の民間放送局にファックスと電話によるアンケートを行いました。

方法は、まず大代表から各局の営業部に電話を回してもらい、許可を得た上でファックスでアンケートを送りました。

129局のうち、回答があったのは72局です。

ご回答いただいた各局営業部の皆様、ありがとうございました。


これからお話しする実際の放送料金のことは、今までほとんど表に出ていない情報です。これだけメジャーな存在のテレビですが、実際の販売価格が知られていないので、CM料金は高額と思われているのです。

実際、調べてみますと、意外な事実が判明しました。

実は、最少本数は1本、つまり1回からでも良い、と回答された局が数多くあったのです。


本数をまとめて流せば、1本あたりの価格は下がります。

1本だけ放送するとなると、単価は上がるのですが、「1本でも放送は可能」なのです。

最低価格ですが、1本1万円からと回答された社が東北2社、四国1社。

中には6000円からとの回答もありました。これは北陸です。

同じエリア内でも局によって、放送料金は異なります。それは視聴率の違いによるものです。

視聴率が高ければ当然、多くの人が観ているということで、1本あたりの単価は高くなります。

極端なエリアでは、料金が倍くらい違うエリアもあります。

特にお奨めのいくつかのエリアを見てみましょう。

新潟、静岡は20万円から放送可能です。

四国・岡山エリアは、月額10万円から放送可能です。特に岡山・香川は2県で1放送エリアなので、人口の割に、安くなっています。

名古屋を含む東海三県ですが、30万円から可能です。高めですが、人口が多いので仕方がないですね。

福岡は100万人都市を2つ抱えるだけあって、同じく30万円から可能です。

なんと、都市圏でも30万円でできるのです。

いかがでしょうか。

ここでに示した価格は、皆さんが思っていたCMの価格でしょうか。月に数百万、数千万もかかるというのは、東京や大阪で放送した場合の価格です。このキー局の印象が伝わった結果、CMは高いと思われているような気がします。

地方都市で始めるCMなら、低価格でできるのです。

さて、動画の制作費ですが、これはどの程度のクオリティーを求めるかで全然違ってきます。

制作費は主に、撮影経費、編集経費、ナレーションと音楽経費、テープへのコピーと大きく4つに分かれます。

具体的な金額ですが、一か月に放送する金額の2倍～3倍を目安に想定されてみたらいかがでしょうか。一か月30万円の放送なら、60万円から100万円の間で制作するというのが目安です。

制作会社といってもレベルはかなり違います。

さらに地域の違いによって料金もさまざまなので、前記の金額はあくまで目安とお考えください。

制作費のことをもう少し説明します。

一番、安上がりなのは、自前の写真などの静止画を編集で動かすパターンです。

これは安上がりだけあって、作り方次第では、視聴者にもお金がかかっていないことがわかってしまいます。

作り方次第と言ったのは、昨今は編集機の技術が上がっているので、以前ほど見劣りしなくなりました。

たくさんの写真を集めて動画ふうにしたりすることも可能です。

逆に良い写真があったら、これ一発で勝負することも可能です。

予算がないから静止画と、ネガティブに考えず、良い写真があるから1点勝負、と前向きに考えるのも1つの方法です。

まずは一度、CMをやってみたいという方には、このパターンをお奨めします。

安くあげるもう1つの方法として、私は、みうらクリーニングさんのように、現状あるもの、いつもやっていることを撮影していくのが、一番の方法と考えています。

小道具など、用意し始めるとどんどん経費がかさみます。

タレントを使う方法も一般的なのですが、タレントの出演費がかかるので、これも避けた方がよいと思います。

この場合、たいていは社員を動員して撮影したりします。

皆さんがご存じの例を言いますと、イナバ物置のCM、100人乗っても大丈夫、ってやつです。

あれは実に、主旨が伝わりやすい良いCMです。

噂では、顔が認識できるほど前の方に映っている人は、偉い人らしい(笑)。

素人目にはお金がかかっていないCMと思われがちですが、私たちから見ると違います。

スタジオに物置を移動して設置するので、スタジオのレンタル費がかかります。前日から仕込んでいると推測できるので、2日分、意外に高額です。

物置に人を乗せる道具。階段ですと、不安定で上がりにくいので、クレーンを使っているのではないかと推測できます。

カメラも高い所から撮っているので、クレーン費が必要でしょう。

カメラマン、音声マン、照明マンと助手、プロデューサーやディレクターなどの人件費もかかります。

さらに100人の社員の人件費。

どうでしょうか。予想以上ではないでしょうか。

実際のところをイナバ物置さんに聞いてみました。答えは、自社内の倉庫で撮っているそうです。

クレーンを使わず、ハシゴで昇るのだそうです。その方がローコストだと（笑）。座っているのはセンターが社長、その周りは販売代理店の社長で、前年度の売り上げの大きい方ほど前に行ける（笑）。したがって毎年制作しているそうです。

話を戻します。

社員を撮影に起用するとき、タダだから社員を使おうと安易に選択すると、後で困る事態が発生します。社員は退職する可能性があるからです。

では、どうするのか。

退職しても、CMに使用してもよいという覚え書きを残しておくのです。あまり長い期限ですと、互いに問題が残りますので、1年ほどがよいのではないかと思います。私が撮影する際には、そのような手法を取っています。

意外に経費がかかるのが、音楽とナレーションです。

専用のスタジオで収録するのですが、1時間2万円などと結構な費用が発生します。

制作会社内である程度、撮影と編集はできるのですが、この音の処理だけは難しい。

例えば、ナレーションを収録する場合。全くの無音の状態で音が反響しない場所という条件がそろっていないと、収録ができないのです。

会社の中で収録すると、ほぼ必ず雑音が入ります。

ナレーションの背景に電話が鳴っている音が入っていたら、変ですよね。


CMに使用する音楽は大きく分けて3つあります。

市販されている音楽を使う、自前で作る、著作権を買い取った音楽を使う、です。

皆さんが使いたがるのは、市販されている音楽ですが、使用料金をお伝えすると、皆さん断念します。

有名な曲は、年間契約で数百万円はかかると覚悟してください。

その音楽を利用して知名度を上げるのですから、仕方がないことかもしれません。


自前で作る方法があります。

今回、みうらクリーニングさんの場合、地元のミュージシャンの曲を起用しました。

三浦社長が懇意にしていた方です。

曲は無償で提供してくださいましたので、お返しとしてCM内で歌手名をテロップで入れました。

これがきっかけで、売れてくれたらいいなぁというのが、三浦社長からのメッセージです。

自身で知り合いに音楽家がいない場合、自前で作ることに関しては、制作の際に広告代理店に相談した方がよいと思います。

最近は、ミュージシャンがオリジナル音楽を作ります、とホームページでうたっている場合もありますので、こちらを利用するのも手です。

三つ目の著作権を買い取った音楽ですが、音楽スタジオには大量のCDがあります。

皆さんはあまり見たことがない風景と思います。

これは音楽を作っている会社があって、こうした音楽が必要なスタジオに販売しているのです。

こうした膨大な音楽の中から、その動画に合った音楽を選んでくれるのです。

この職業を音楽効果さんと呼んでいます。

あとはナレーションです。

みうらクリーニングさんの場合は、社長のキャラクターで勝負と決めていたので、ナレーターは三浦社長自らとなったのですが、これが一番安い。

ナレーターは有名な方ですと、かなり高額となります。

それは同業のCMのナレーションは読めないというルールがあるから、他の仕事が受けられない分、高額になります。

低額にするには、駆け出しのナレーターにするのが得策です。

これも制作会社や広告代理店が、いつも付き合っている方などに依頼すると、安くやってくれますので、相談したらよいかと思います。

いつもやっていること＋撮影・編集＋音楽とナレーション。

こうした組み合わせによって、低価格での動画が実現するのです。

▷ステップ④ 広告代理店を決める

いつも出入りしている代理店はCMを扱っていないから、どうしよう。インターネットで検索しても、よくわからないし不安。

メディアジャパンに発注したいけど、遠方だから経費がかかるし……(笑)とお悩みのあなたに、広告代理店の見分け方をお教えします。

大きくは2つの方法があります。1つはネットで検索、もう1つはテレビ局に聞く方法です。

ネットで検索して広告代理店を探した場合。

電話して出た担当者に、どこの会社のCMを扱っているのか聞いてみてください。

CMをほとんど出していない、もしくはあまり聞いたことがない企業名だったら、断ってください。

紙媒体と違い、CMはちょっと特殊です。最初に書きましたように、紙媒体と違って段取りが複雑なのです。

テレビ局との交渉も、業界のルールを知らないとうまくできず、良い枠が確保できません。

私は、あまりCMのことを知らない広告代理店の言いなりになって、散々な結果となったクライアントを多数見てきました。

もう1つはテレビ局に聞く方法です。

気になっているCM、うちもこんなふうに創ってほしいというCMがあったら、そのCMを扱っている広告代理店をテレビ局に聞くのです。

CMを見る限り、創った会社名など入っていませんので、一体どこが創っているのか、さっぱりわかりません。まずは、そのCMが放送されているテレビ局に電話してみてください。

代表番号に電話。交換の方が出たら、「CMのことで聞きたいことがあるので、営業部に回してください」と伝えてください。

すると営業部の誰かが出ますので、「いま、CMを検討しているので、＊＊会社のCMを扱っている広告代理店を教えてください」と聞いてみてください。

その場ではわからないこともありますが、必ず教えてくれます。

だってお客様予備軍ですからね（笑）。

皆さんはそんな簡単に教えてくれるのか、と思うかもしれません。でもこれは守秘義務でも何でもないので、ご安心ください。

進め方ですが、私は広告代理店2〜3社で競合プレゼンをさせることをお奨めします。業界の事情を知らない方が初めてCMを扱うのに、1社に決めて付き合っては、代理店の言いなりになりかねません。それでは少々リスクが伴うと思います。

数社にすることでそれぞれの広告代理店の特徴がわかりますし、業界の事情も見えてくるというメリットがあります。

数社を全部、一堂に呼んで説明会を開く方法がありますが、私は、1社ずつ打ち合わせをすることをお奨めします。

その方が広告代理店側も、御社の事情を深く聞けるので、絵コンテを創る際の良いヒントになります。

みんなと一緒では、事情を聞いても皆に聞かれてしまうので、代理店側も引いてしまいがちです。

打ち合わせの際、大切なこと

なぜCMを打つのか、その目的を伝える。

どんな内容で誰に訴求したいのか、そして肝心なのは予算を伝えることです。


さらに、その代理店とテレビ局との関係性を尋ねてください。

代理店はそのエリア内の全局と満遍なく取引しているケースもありますが、特定の局と取引している場合があるのです。

それは特定の局に絞って扱い高を増やした方が、取引が有利だからです。これは一般の商売にも言えることで、CMに関しても同じです。


プレゼンに関しては、簡単な絵コンテを準備してもらい、テレビ局からスポット案などの見積もりをとってもらってください。

ここでは簡単な絵コンテと言っていますが、完璧なモノを創ってもらうと相応の経費がかかります。

数社のプレゼンですので、当然、落ちる会社もあるわけです。

昨今、プレゼン費は支払わない傾向にありますので、今後のつきあいもありますから、なるべく経費を掛けないようにしてあげるのが、得策ではないでしょうか。

ステップ⑤ CMの内容を決める

考査には2種類あります

CMを放送するためにはさまざまな段取りがありますが、中でも一番の手間といいますか、一番の難関ポイントが、考査です。

しかし、このテレビ局による考査があるからこそ、消費者にとって安心な会社ということが言えるのです。この考査には2種類あります。

1つは企業考査。

その会社はCMを放送するのにふさわしいかどうかのチェックです。

テレビ局に対して、対象となる会社や団体のパンフレットなど業務内容がわかるものを提出します。主には業種と業態がチェックされるのですが、一般的な企業や団体なら、ほとんど大丈夫です。

放送できないのは、事件や事故があった企業の場合です。

例えば、食品会社が集団食中毒を起こしたとか、大掛かりな脱税を行っていた、などのケースです。

集団食中毒の場合、規模と内容によって、テレビ局の対応もさまざまです。

脱税といっても、額の大きさや内容によってさまざまなケースが考えられますが、これもテレビ局によってそれぞれの基準があって、対応がまちまちです。

食中毒の場合、保健所から営業停止処分などのペナルティーが課されますが、この期間を終えて、被害者との和解が済み、ある程度の期間が過ぎれば、放送が可能になります。ただこの「ある程度の期間」を何日と解釈するのかも、テレビ局によってさまざまなのです。

脱税に関しても、同様です。

通常の場合は修正申告し、追徴課税を支払うのですが、その修正申告自体を悪質とみるか、手違いとしてみるか、額の大きさと照らし合わせて、テレビ局は判断するのです。

これもテレビ局によって基準はさまざまなのです。

もう1つは、CMの内容の考査です。

みうらクリーニングの場合、「全国からやってくる」「ハーレーのバイクの登場」の2つが懸案になると書きました。

クリーニング店のＣＭで、考査対象になりうるキーワードを想定してみます。

「汚れが絶対に落ちる」

この絶対という表現が引っかかります、絶対はないのではないかと判断されます。断定する表現はほぼ考査は通りません。

「日本一のクリーニング店」

「安さ」「速さ」「安全」「サービス」など「日本一」の基準がいくつか想定できます。何をもって日本一なのか、証明してください、と回答が来るはずです。「日本一」「地域一番」など、一番と表現する際には、必ず根拠が必要となります。

例えば「速さ」なら、業界のコンテストでワイシャツのアイロンがけの速さが一番だったとか。

「安さ」なら、他社が追従できないくらい安いことを証明する資料を他店と比較したデータとともに提出する。

家電量販店なら、他店のチラシを持っていくとか、何らかの形で根拠を表現することです。

「安全」は、化学薬品を使っていないとか、針など異物の混入はないとか、でしょうか。

異物チェックをこんな形で行っているという絵を見せるのも、1つの手ですね。

しかし、化学薬品となると、国の規格で認められているものを使っている限り安全なので、自社で自然系の洗剤を使っていたとしても、安全とはうたえないと思います。

「サービス」となると全く形がないものなので、これは証明することがとても難しい。せいぜい、「笑顔でサービス」というくらいまでの表現でしょうか。

逆に言えば、何かしらの点で一番があるならば、それが利用できるとも言えますので、どんな点で日本一かを探すのも一案です。

内容の考査が特に厳しいのは、健康食品や医療系です。

健康食品の場合、「効く」とは断言できないので、身体にやさしいなどというあいまいな表現になっています。最近は、購入者からのクレームが消費者庁だけでなく、テレビ局にも届くため、特に厳しくなりました。

「血液サラサラ」という表現は以前は使えましたが、今ではNGワードになっています。結果、商品名と入っている成分しか言えないイメージ広告になっています。

考査は健康増進法、薬事法、食品衛生法など各種法令に照らし合わせて、抵触していないのか、違反していないかをチェックします。

この考査のことがわかっていない広告代理店に発注しますと、時間とお金ばかりが掛かって、とんでもない結果となります。

慣れているベテランに頼むことが低価格で創ることになるのです。

考査的に引っ掛かる表現をさけて絵コンテの制作に入ります。

通常、絵コンテは広告代理店のクリエイティブの担当者か、制作するディレクターが作成します。

打ち合わせ時に、ステップ②で作成しました目的を明確にするシートを出して、意図と目的を担当者に伝えてください。その際に、イメージに近い類似のCMがあったら伝えるとよいかと思います。

最終的にCMは好みです。これが絶対良いなどという答えはありません。

予算を伝え、数案作ってもらい、しっくり来る案を選べばよいかと思います。

参考になると思いますので、弊社の絵コンテ案をご覧になってください。

最初はこのような手書きのラフ案

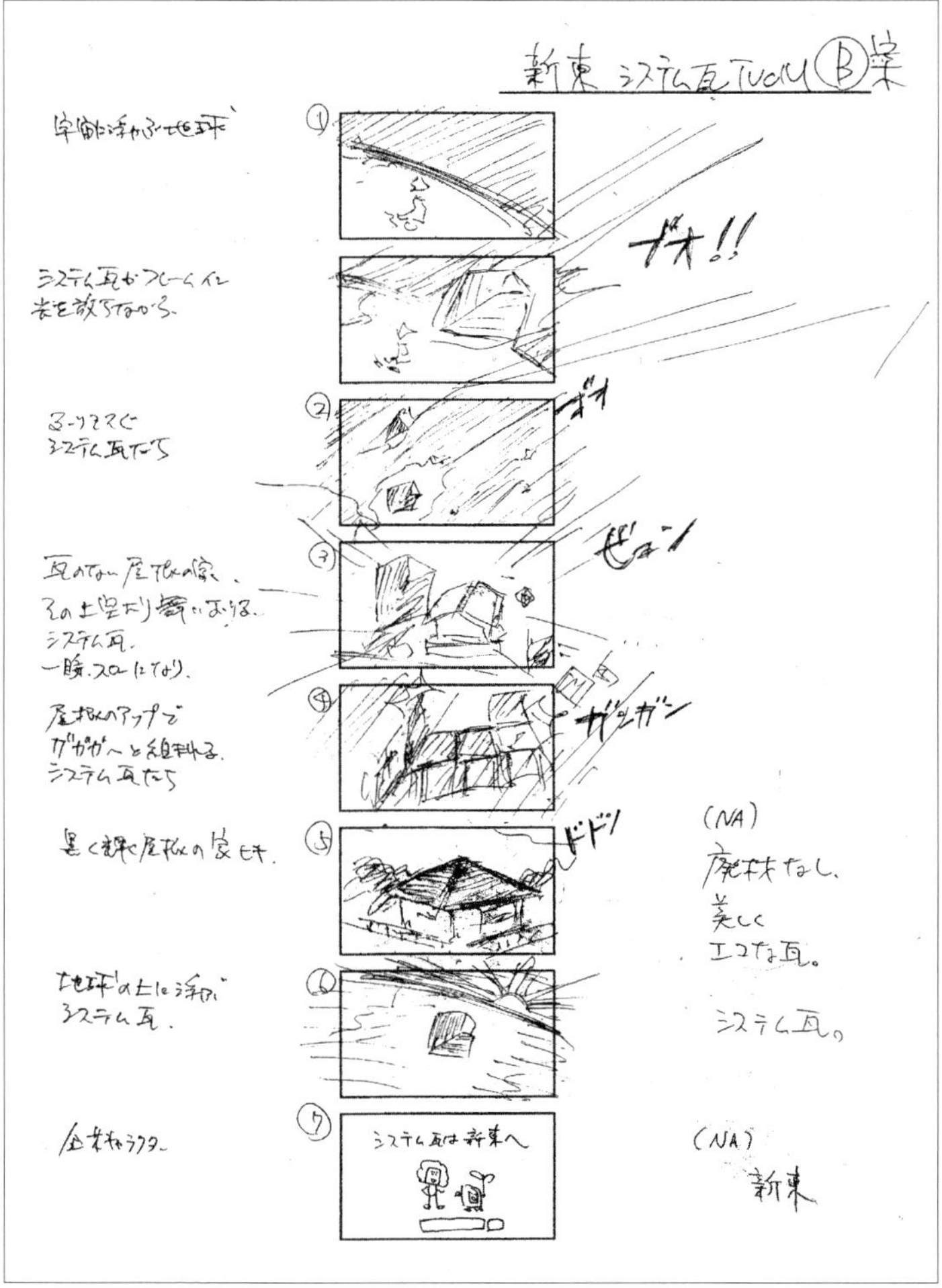

次はCGを入れた形で本物に近い

新東様 システム瓦CM 絵コンテ①

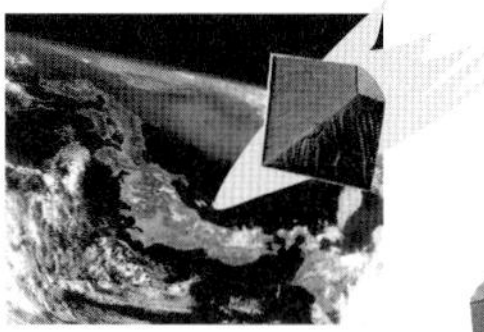

空から一体の飛行物
（宇宙）

（SE: キーン）

屋根に目がけて飛行物が
飛び込んでくる
（SE のみ）

一寸の隙間もなく
屋根を覆う

(NA)
廃材なし 美しく エコな瓦
システム瓦

(NA)
システム瓦は新東へ

紹介テロップ

ステップ⑥ 放送する局を決める

CMにはタイムとスポットという2通りの買い方があります

CMには大きく分けて2つ買い方があります。

1つは番組の提供として購入する方法。番組内で「提供は……」と読んでもらえるもので、この購入方法を「タイム」といいます。

タイムは番組の制作費を負担、提供しているため、比較的高額になっています。提供の単位は30秒を基本にして、その倍数となります。30秒CMが必要になりますが、ない場合は15秒を2回放送することもできます。

このタイムは全国ネットとローカルでの放送の両方に対応しています。

全国に放送したいとなると、このタイムという買い方になります。

タイムは番組内で放送されるとともに、会社名がテロップで流れるか、もしくはナレーションで読んでもらえます。

30秒……ご覧のスポンサー（ナレーションの読みはなし）
60秒……社名または商品名のナレーション読みあり
90秒以上……簡単なキャッチフレーズを含む社名または商品名のナレーション読みあり

このキャッチフレーズですが、有名なものですと、サントリーの「水と生きる」や日立の「インスパイヤー・ザ・ネクスト」でしょうか。

聞いたことありませんか？　この方が印象に残るという理由で採用されている形です。

もう1つは、番組と番組の間をメインに放送する形です。「スポット」と呼ばれています。こちらは原則15秒です。

原則、全国ではなく、各局ごとの対応になります。

例えば、東京圏だけで放送したいとなりますと、このスポットになるのです。

昨今は、タイムの販売が不調なので、タイムをばらしてスポットとしても販売しています。よって、スポット購入でも番組内の放送が可能なのです。

原則、再放送は、番組の制作は終わっているという理由で、タイムでの販売はありません。ただ地方局によっては、人気番組はタイムで売ったりするケースもあります。

地方局の経営状況が見え隠れしますね。

本書のテーマは格安のCMなので、スポットを中心にして展開します。

まずCMを発注しますと、このような番組表というものが届きます。

スポット表の形と例

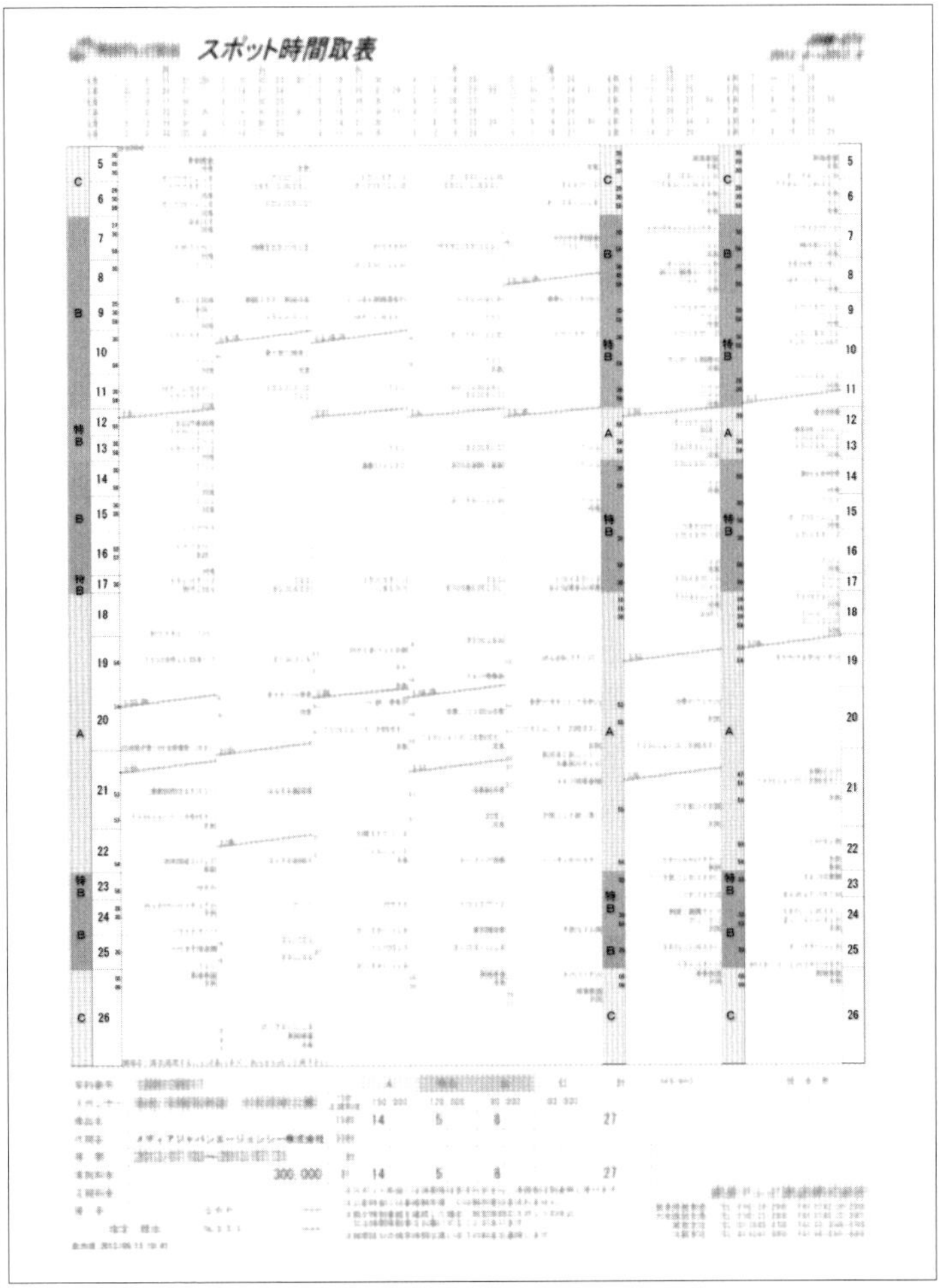

私たちが業界用語で「ふんどし」と呼んでいるものです。
理由は単純、白くて長いから。だいたいテレビ業界の用語はシモネタが多いのです。

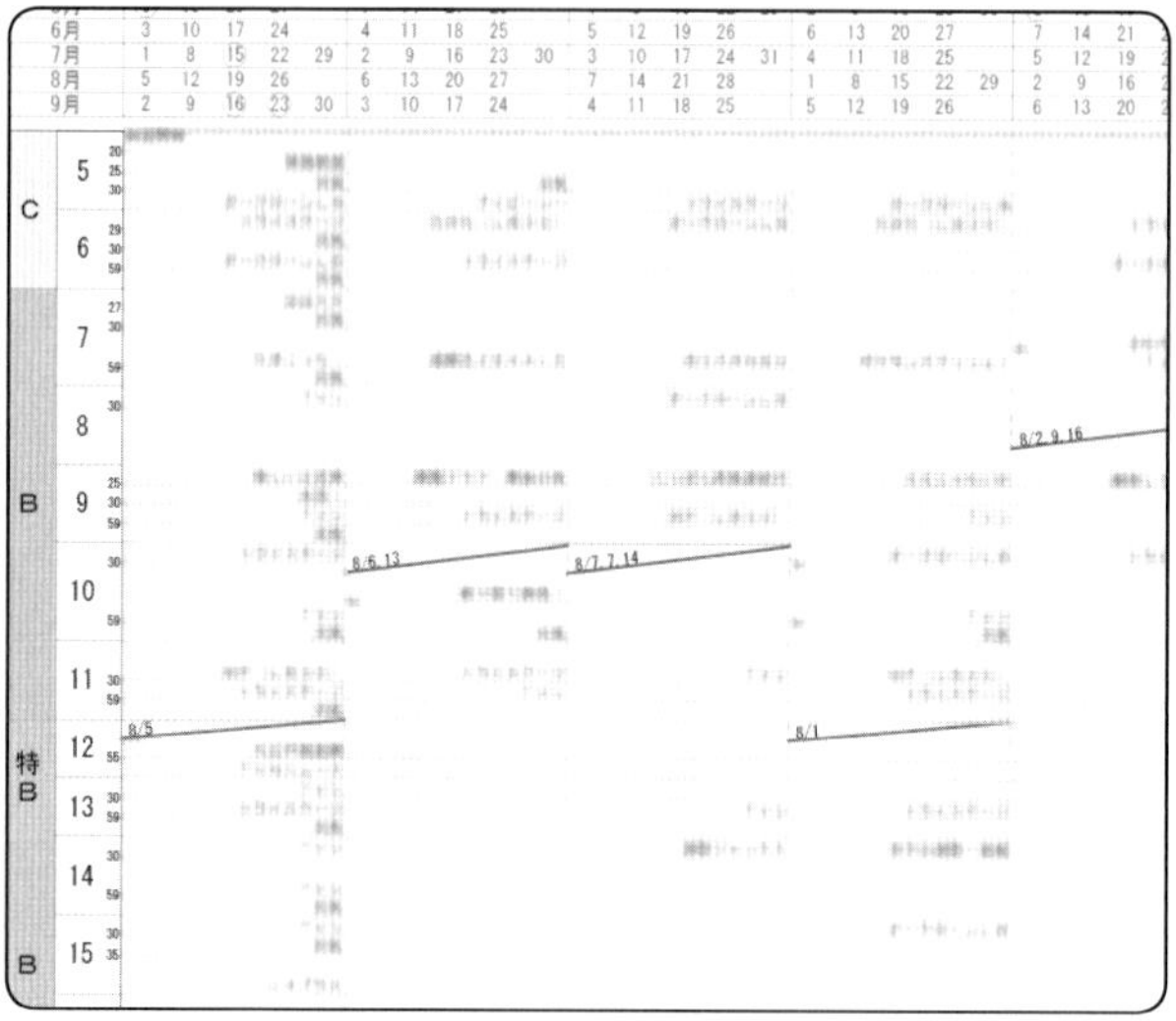

該当する番組には赤い線が引かれていて、横には日時が記入されています。これが放送する時間です。

通称「線引き」と呼んでいます。そのまんまです。

この時間帯と名称は局によって若干の違いがありますが、概ね、ゴールデン（19時～22時）をAと呼ぶほか、特B（12時～14時、18時～19時）、B（7時～10時、17時～18時、23時～24時）、C（深夜・早朝）の4つに区分けされています。

当然、ゴールデンが一番高額で、特B、B、Cになるにつれて安くなります。

そして最後のページには一覧表が付いています。ここで本数と線が引かれている場所と料金が確認できます。

スポットCMの放送にはパターンがあります。

自社のCMを観てほしい視聴者に対して、どうやってアプローチするのか。実は視聴者に合わせて、ある程度定型化されているものがあるのです。代表的なものをご紹介します。

まずは逆L型と呼ばれている形です。Lをひっくり返した形になっています。

土日と平日のゴールデンタイムを狙った買い方です。この時間帯は視聴率が高い時間帯なので、高額になります。

子どもから高齢者まで、幅広い視聴者が狙えるというのが特徴です。

サラリーマンやOLなど働く人たちがターゲットの場合、朝と夜を狙う「コの字型」になります。

朝は時計代わりにテレビをつけている人が多くいます。さらにある程度、番組が固定化されているのも特徴です。

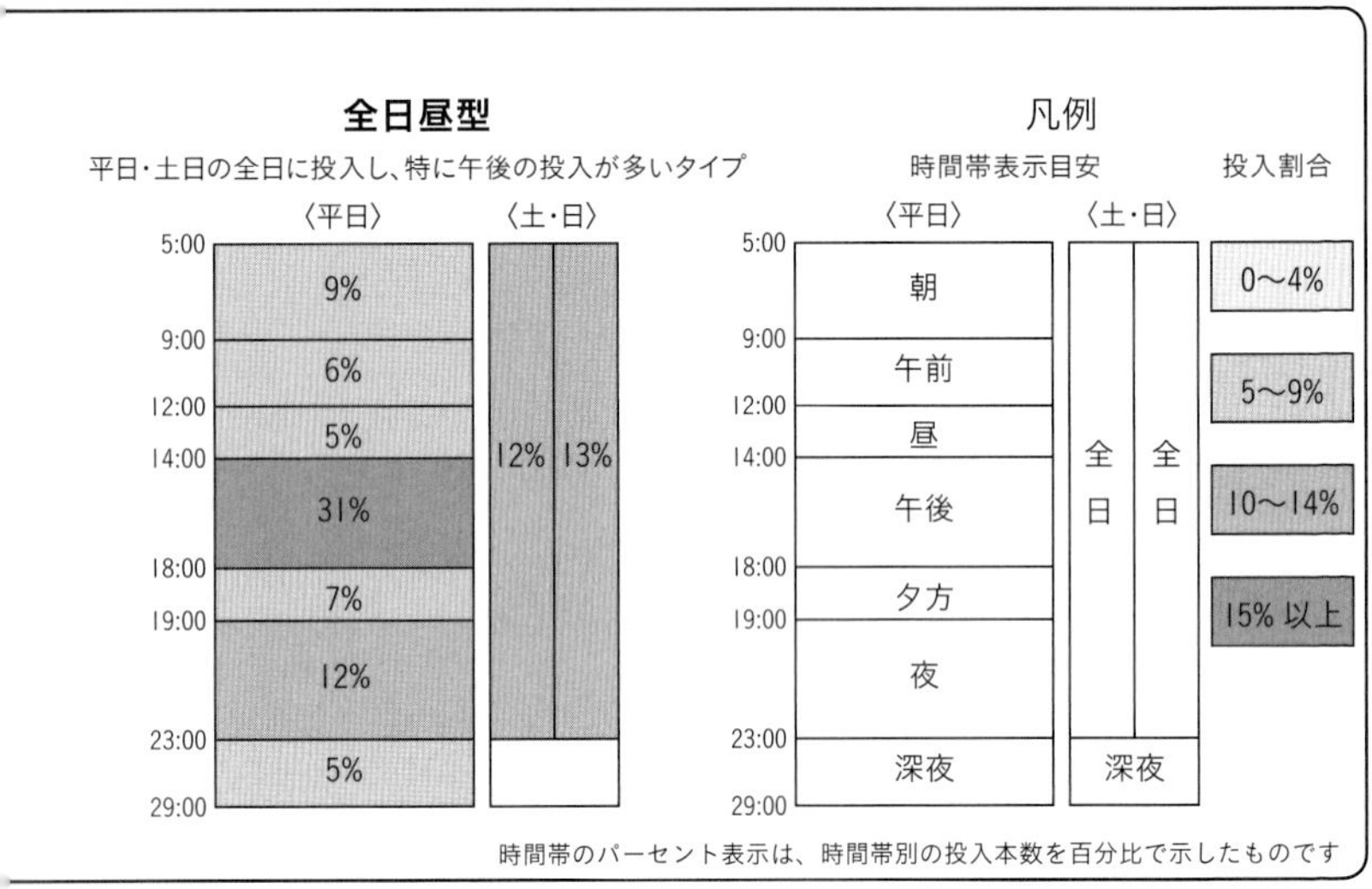

時間帯のパーセント表示は、時間帯別の投入本数を百分比で示したものです

朝は見ている番組がある程度決まっているのです。

主婦層が対象なら、昼間から夕方の時間を狙う「全日昼型」です。

この時間帯は視聴率がさほど取れないので、比較的安く購入できます。

最近は、この時間帯に韓国ドラマを放送しているテレビ局が多く見られます。その視聴者は主に主婦です。

私もこの女優みたいになれたらいいわぁ、などと思っている主婦めがけて、美容用品や健康食品などのCMを出稿するケースが多くあります。

旦那が家に居ない時間帯ということもあり、そのすきに通販などは購入しやすいですよね（笑）。

放送の形

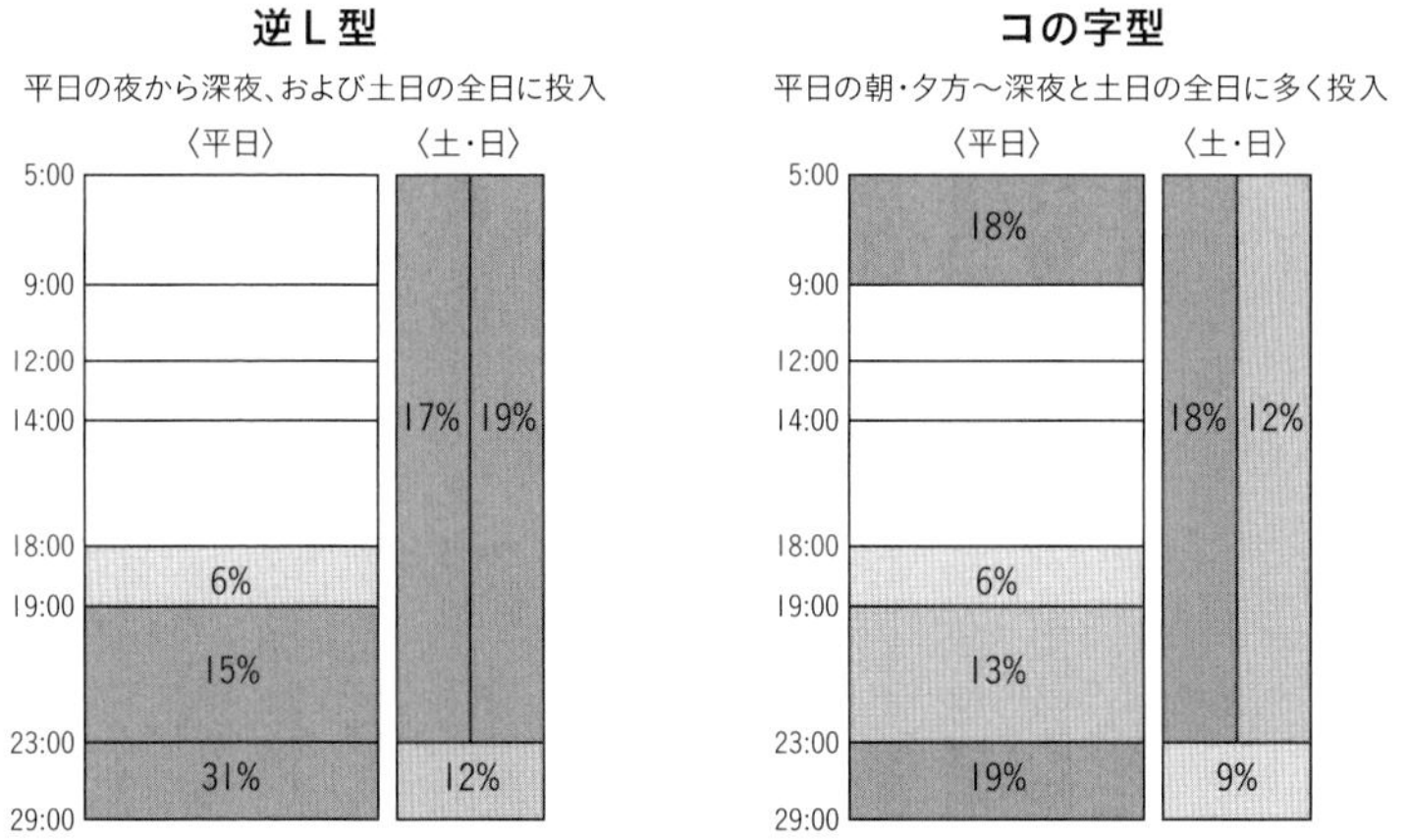

今回は低額のCMなので、お奨めは「全日」という型です。特に視聴者ターゲットを絞らず、満遍なく放送するというものです。

すし屋に例えて言いますと、逆L型は、ウニやトロみたいな高いネタばかり注文した場合。そんな注文の仕方をしたら高いですよね。

この全日は、ウニやトロも少し入っていますが、他の安いネタ、店主が売りたいネタも入っていて、お得です、という形です。お得セット売りみたいなものです。

テレビ局にしてみると、不人気ネタばかりが売れ残ると困るから、という背景もあります。

「タイム」「スポット」「全日」、主にこ

の３つの型となります。

放送しつつ、お客さんなどの反応を見ながら、放送する時間枠を固定化したらよいと思います。この「スポットは何日間で何本流す」という設定は自由にできます。

この番組がよいとか、この番組はいらないから、こっちに移動してほしいなど好みを伝えてください。可能な限り変更してもらえます。

住宅メーカーを例に挙げて説明します。

会社を紹介するＣＭと、展示会の場所と日時の告知ＣＭの２つを流すとします。

会社紹介のＣＭは１か月で30本、１日１本ずつ放送。

展示会の告知は、開催日の10日前から１本ずつ放送し、開催日の３日前からは、１日５本ずつ放送して強化する、といった感じです。

発注側としますと、いつも自分が見ている番組には入れたい、特に社長がお好みの番組には入れたい、という意向があると思います。

同じエリアでも視聴率の違いによって、極端に料金が異なる場合もあるので、ご注意ください。２局程度は、見積もりを取ることをお奨めします。

▷CM必勝の5か条

今回、弊社の取引先に限らず、CM放送で成功している企業を取材しました。その中で見えてきたのは成功への道、成功のパターンです。それを5か条にまとめました。

①とにかく長く、継続すること

大きな金額ではなくてよいので、細く長く放送するのがよいと思います。まずは、身の丈に合った額で、無理なく継続できることを優先すると成功します。反応を見ながら、売り上げが上がってきたり、問い合わせが増えてきたら、投入額を上げていくのが成功パターンです。

バーゲンセールやイベント告知などの場合、短期的に結果を求めるのならば、大きな額を投入しないと、結果は出にくいとも言えます。

②同じ枠で放送すること

時間帯を固定せず、毎度、いろんな時間帯で様子を見るのも1つの方法です。しかし、今回取材したケースでは、固定した方がよいと皆さん、おっしゃいました。

それは視聴者の視聴パターンは生活のリズムに同期しているからです。同じ時間に放送することによって、特定の方たちには情報が届くことになります。

③明るく楽しい内容

賑やかで派手な内容の方が、視聴者にウケる傾向にあります。

映像業界で言われる、テレビと映画の違いで説明します。映画は大勢の中で独りになって観るもの、テレビは自分は独りじゃない、大勢とつながっていると確認するものと言われています。

よってテレビCMは派手で賑やかにしていないと、伝わりにくいものなのだと言えます。

④人間が出てくる内容

モノだけの映像や、自然だけの映像で構成されたものよりも、人間が登場する内容の方が、伝わりやすいのです。人間は笑顔に癒《いや》される生き物だからだと思われます。

笑顔があるCMは、それだけで十分なコンテンツになり得るのです。

長く放送しているとこんなことがあります。

例えば、同じ人がずっと出ていると、この人は今いくつになっているのだろうとか、想像します。髪型や服装など、その時代を感じさせるものがあると懐古感を抱いたりして、伝えたい内容以上のことが伝わったりするのです。

⑤耳に残る音楽

チラシや新聞などにはできないのが、この音楽をつけることです。

CMの音楽が記憶に残り、思わず口ずさんでしまうこともあります。

何度も放送しているうちに、音楽を聞いただけでも、あの会社のCMだとわかるほどです。

格安でオリジナルCMソングを作る場合、方法はいくつかあります。

ホームページでコマーシャルソングを作りますと広告している音楽家もいます。

担当になった広告代理店にも、ツテがあるかもしれません。

あの有名な雑貨のドンキホーテ。館内でオリジナルソングが流れていますが、あれは社員が制作したものです。

これを機会に、社内で公募という方法もよいかと思います。隠れた才能を発掘することになりますね。

第5章

クライアントが語る ローカルヒットCMの裏側 実例集

この章ではヒットＣＭが生まれた背景や制作された現場を知ってもらうために、クライアント自身に「ヒットＣＭの裏側」を語っていただくことにしました。各社・各店のインタビューのあとに、それを踏まえた筆者や他の取材者のコラムを掲載しています。

クライアントが語るヒットＣＭの裏側①

一度は行ってみたかった！　伝説の店、イシカワ

「イシカワ」オーナーの石川浩二さんにインタビューしました。

交際費に年３００万使っていた、その費用でＣＭをやってみるか

ＣＭの始まりは平成元年です。もう25年もやっています。

きっかけは広告代理店の若い子が３人で来

飲食店イシカワ

創　業　昭和36年
代表者　石川浩二
社員数　９名
店　舗　新潟県新潟市中央区古町通り八番町1446番地
事業内容　飲食店（クラブ）
ＣＭによる宣伝効果　**月10万円。深夜に週３回で25年。今や一度は行ってみたいと言われる店に**

て、宣伝を任せてくれませんかと言ってきたことです。「ふーん、テレビ？ 面倒くさいな」と思ったんですけど、安くしますよと。

もう1つ理由がありまして、実はお中元とお歳暮でそれぞれ100万、年2回で200万、冠婚葬祭を含めると年間300万かかっていたんです。

その金額は結局、広告宣伝費みたいなものですから、300万くらいは宣伝に使ってもいいだろうと思ったのです。

その金額で任せるって言ったら、その3人がいろいろな企画を持ってきましたよ。

バスの後ろに看板を出したり、雑誌に載っけましょうよとか。

今みたいにインターネットなんてありませんでしたからね。

テレビCMもやらなきゃだめですよと言うので、じゃ、やってみっかと始めました。

ただ、最低でも半年か1年続けないと効果は出ないですよと言われました。

とにかく長く放送しないと広がらない

今は月に10万の定額で週3回放送、深夜に流れています。深夜の25時くらいに1局だけでずーっとやってます。

意外にもやってみたら、CMはすごく広がるものなんだなと思いました。

CMを出している当人よりも、たまに会う人が教えてくれる。

「すごいね、マスターんとこ」って。同業者で話してると「マスターんとこ、ランク上だもんなうちよりも」なんて言われるんですよ。なんでかなと思ったら「テレビ宣伝やってるし、知名度もすごいし」。

実際にCMやってる側は、あんまりわかんないんですけどね（笑）。

「あそこか！　一度行ってみたかった！」と言われるようになった

接待で連れてこられた人が、「イシカワに行こう」って言うと、おお、あそこかってなるらしいです。「行く行く、1回は行ってみたかったんだ。せっかく俺を接待してくれるなら、あそこに行かないか」って。

クラブのような店には一見《いちげん》では入れないじゃないですか。料金もなんだか高そうだし。

スーツ着ていかなきゃだめかなとか。本当はうちは長靴でもいいんですけど（笑）。

そういうふうにCMのイメージで相手が勝手に思ってくれる、感激してくれた方は結構多いですね。

お客の1人なんて「かあちゃんに『今日はイシカワに行くよ』って言っても、安心して送り出してくれるのさ」だって。

そういう点ではテレビってすごいもんだなーと思ったのが実感ですよ。

接待する人は楽だって言ってました、イシカワでやるからって言うだけでオッケーだからって。

COLUMN

イシカワはいわゆる「クラブ」である。主に宴席でご機嫌になったおじさんたちの二次会が開かれる。場所は新潟・古町の飲み屋街にある。取材に訪れたのは木曜日の夜9時頃だったが、周辺は閑散として人通りもまばらだった。

にもかかわらず店の扉を開けたとたん、客の歓声が聞こえてきた。ほぼ満席で、私たちの1席だけが空いていた。地元で根強く愛されるクラブなのだ。

ホステスの1人、佐野さんに話を聞いた。

高校生の頃、深夜にテレビを見ていると、よく「イシカワ」のＣＭを見たという。

「まさか10年後にここに勤めているなんて思いもしなかったわ。でもＣＭ見てたから怪しさもなかったし、すんなり決めました」とのこと。

これもＣＭのリクルート効果なのでしょうか。（黒澤淳）

クライアントが語るヒットCMの裏側②

かんてい局（メディアジャパン制作）

社員を使ったインパクトCMで安く、目立って、来店客数も社員のやる気もアップ

メディアジャパンは2012年7月からFTCの質屋部門である「かんてい局」のCMを制作・放送しています。放送開始から1年あまり。実際にどのような効果があったのか。

CM担当者のかんてい局春日井店、山内能通店長を訪ねました。

CMで集客1割アップ！

元々CMをやろうと発案したのは安藤社長です。

目的は、集客です。特に買い取りを増やしたかったのです。

私たち質屋ではお客様から商品を買い取る「買い取り」が欠かせないんです。いわば仕入れですから、買い取りの件数がそのまま売り上げにつながってくるんです。

お客様が1割増えたらいいなぁという期待を込めてCMを作りました。

FTC株式会社

創業	昭和57（1982）年11月
資本金	2,000万円
代表者	代表取締役　安藤良一
社員数	100名
本社	岐阜県大垣市笠木町260-1
事業内容	質屋業
CMによる宣伝効果	**来客数が1割アップ。それに伴い売り上げ増加**

CMを始めてから約1年になりますが、やってみた結果、お店でいいますと1割以上は、来客数が増えているのは確かです。

東海エリアでは直営店が4店舗あります。放送料金は月に120万円です。それぞれ店舗には30万円ずつ出してもらった形で120万円で放送しています。

1店につきそれぞれ1割、お客様数が増えたことになりますので、全店で50人以上増えたことになります。これはすごいことです。

買い取りも増えてますし、質の預かりの方も順調に増えていますので、CMをやってよかった、成功だと思っています。

「女装の社員」を起用して制作費が安上がり

CMには社員を起用しました。なにより制作費が安上がりで済みますから（笑）。

元々インパクトの強いCMを作りたいという希望はあったんです。CMのプランに、オカマちゃんを使うというアイデアがあったので、これだと（笑）。

実は、うちには女装が趣味の社員がいまして、彼にオカマ役をやってもらったらインパクトがあるだろうと踏んだのです。

「あの人はなに？ タレントさん？」と思っている方が多いかもしれませんが、我が社の社員です（笑）。女装は完全に趣味です。

普段は、妻と3人の子どものパパをやってますからご安心ください。

CMには他に2人女性が登場しますが、いずれもうちの社員です。

どうやって選んだのか。その選出方法ですが、社員にアンケートをして、誰がCMに出演したらよいか、推薦してもらった結果です。

ちなみに放送するテレビ局もどこがよいか、社員にアンケートを取りました。

こうして社員が全員で参加して、情報を共有しているので、みんなで創った感じはあり

かんてい局　絵コンテ

■オカマ「あんたたち！　またタンスの肥やしが出てきちゃってるじゃない」
■女性２人「どうしよう〜」

■オカマ「とっとと持っていきなさいよ！」
■２人「どこに?」
■オカマ「かんてい局よ！」

■タンスの子ヤシちゃん「！?」

■女性２人「ばいばーい」
■NA(ナレーション)タンスの肥やし待ってます

■NA
かんてい局

ます。

社員が辞めない、モチベーションアップのツール

社内のモチベーションとしては、出演している3人はもちろん、それ以外の社員もCMをやってる会社で働いているということで、モチベーションが絶対に上がっています。

何より辞める社員が減っていますから、それもCMの効果かなと思っています。

CMってどんな会社でもできるわけではないですよね。

知名度が上がることも大切ですが、CMをやれるということは安心な会社というイメージを与えられることが良い効果になっていると思います。親にもCMをやっている会社で働いていることを報告できます。やはり安心しますよね。

それは新卒リクルートの成果にも反映しています。今までより反応が良くなりました。

当初は、お客さんを増やすことが目的だったのですが、リクルート効果など副産物が多かったこともあって価格以上の価値になっていると感じています。

フランチャイズはCMに向いている

当社は直営店もありますが、フランチャイズ店舗もあります。

東海エリア以外にも全国に14の店舗があるので、1つCMを制作すれば、店名を替えて放送することで、全国で使い回しができるのです。

CM制作費も1店だけでなく共同で出資するので、1店舗あたりの負担は少ないんです。

いまは、熊本の店舗で、今回創ったCMを加工して放送しています。

みんなでシェアできるので、CMはフランチャイズや多店舗展開している業種に向いていると思います。

COLUMN

私からの提案は、オカマちゃんを起用することだったのですが、まさか社員でいるとは思わなかった（笑）。

CMの内容は「タンスの肥やしを持ってきて」というもの。

このテーマがウケてCMの企画が決まったのだ。

その結果、放送当初は本当にタンスの肥やしみたいなモノばかりを持ってくるお客さんが相当数来店したとのこと。

そのまま額面通りに伝わるのだなぁと改めて感心いたしました。（宮崎）

▷目立ってなんぼのアニメCM。ファンが勝手に動画サイトにアップして、CM効果倍増

株式会社ザグザグ

創　業	平成2（1990）年4月
資本金	4億6138万円
代表者	代表取締役社長　藤井孝洋
社員数	550名　パート・アルバイト1,100名（平成25年6月現在）
本　社	岡山県岡山市中区清水369-2
事業内容	ドラッグストア、調剤薬局、介護施設の経営
CMによる宣伝効果	**店舗の増加とCMの増加がリンク、地元では知名度抜群のドラッグストア。CMがツイッターで話題になり、イベントにはファンも駆けつける。**

「ザグザグ」は岡山に本社を置き、主に中国・四国地方に展開するドラッグストアチェーン。

CMはすべて少女漫画風のアニメーションで、異彩を放つ。

私たちの取材のため、ザクザクの企画チーム以外にもCM制作者や広告代理店など（株式会社ザグザグ営業企画部広報チームの江原大輔さんと藤田大祐さん、株式会社百工房の澤田伸子さん「イラストレーター」、株式会社ドゥークリエイトの廣岡弘司さん）が集まってくださいました。

CMは目立ちさえすればいい

江原　そもそもCMをやろうということになったのは、2003年にある放送局が、CMやりませんかと営業に来られたのがきっかけです。

最初のＣＭは、レポーターが店舗に来て、店員とやりとりして……という演出だったんです。

でもこのＣＭじゃあ心に残らないと。そんなＣＭをやっても埋もれてしまうから、違うのをというので、いろいろ考えてアニメでいきましょうかと。だから最初からアニメで戦略的にいったわけではないです。

澤田　まだザグザグがたくさん店舗展開をしていなかった時代でした。ＣＭ導入時に社長が言われたことは、内容はなんでもかまわないから目立てばいいと（笑）。

ＣＭの特徴は、会社について細かい説明はしないことなんです。

ザグザグは「地域に根ざして、安心・優しいドラッグストアです」とかそういうことを一切言わないんです。さらに商品が出ても商品の説明を一切しないんです。

それは社長の信念ですね。

とにかく、ザグザグっていう言葉が残ればそれでいいみたいな感じです。

ＣＭは50万円からスタート、エリアも拡大し店舗数も増加

江原　ＣＭを開始した当時は30店舗くらい。今は１０５店舗あります。

ＣＭの規模は小さいところからスタートしました。最初は制作費と放送料を合わせて50万円でした。

藤田　当時は岡山県にしか出店していませんでした。しかしこのエリアは岡山と香川の２県で放送されています。店舗がない香川エリアにも放送されていました。

それももったいないよねっていうことで、香川にも出店したんです（笑）。

香川県でのオープンのときはものすごかったです。開店したとたんに交通渋滞が起きました。

私たちもビックリです。そんなに皆さんに待ってもらっていたのかと。

でも来られたお客さんはＣＭの印象がすごく強いから「なんだ結構ふつうのドラッグス

トアじゃん」って言ってました（苦笑）。
江原　店舗展開はCMを入れたのが転機になっていると思います。
　CMは名前を売ればいいという、あまり詳細な説明をしない作りだったことで、逆に店に行ったら何があるんだろうという興味をかきたてることになったと思うのです。
江原　現在では放送料は月額600万円です。5局、全局※1出しています。

ザグザグ　絵コンテ

■男性
「俺と東京に
行こう！」

■女性
「ごめんなさい…」

■女性
「東京には…
ザグザグが
ないから…」

■NA
岡山の
ドラッグストア

♪歌
ちょっと気になる
ザグザグ

廣岡　このエリアではトップクラスですね。時間帯はすべての世代がターゲットなので、朝から深夜まで網羅している全日で取っています。

CMのアイデアは社員が出して代理店が創る

江原　最近は、自社のオリジナル商品をCM

にすることが多くなりました。それもザグザグという会社名を覚えてもらうのと一緒で、商品名をまず印象に残したいという目的でやっています。

店舗では接客を重視していて、ちゃんと商品の説明を店頭で行うスタイルなので、その際に「あのCMの商品です」とスタッフが説明する手助けとして位置づけてます。

江原　CMを替えるときなどは、最近は、自社でアイデアを出して、そのアイデアを広告代理店にお願いするという流れですね。

廣岡　イベントや新商品が出るたびにCMを創っています。多い年で11本とか制作したりします。それがレギュラーのCMで、あとキャンペーン企画を足すと年間15本から20本いきますね。

澤田　制作状況ですけど、だいたい2本くらいは並行して制作していますね。視聴者はアニメなのできっとストーリーを期待していると思うのです。

私の中ではいつもつながりを重要視して創っています。1本1本単独じゃないんですよ。

江原　社内でアイデアを出しているので、ここまでふざけられるのかなと思います。

役員会議で内容を決めることもないので、基本的には一部署完結でやらせてくれます。

それでどんどん新しいCMを出せたり、とんがった内容のものも作れてこれた。

それを上の幹部の人たちがあーだこーだ言ってたら、とんがりがまろやかになっちゃうでしょ。それがないのもけっこう良い作品ができている要因かなと思っています。

ファンが付くCM、ツイッターでつっこまれ話題になるCM

江原　最初はマンガっぽい、まるっこいキャラクターだったんです。その方が、親しみやすいんじゃないかと考えていたんですけど、目がキラキラしてたアニメ絵の方が、他社がやってないんじゃないかと。

　よその企業は、全然こんなＣＭは流してないよねみたいな感じで創りましたね。

澤田　社員さんをモチーフにイラスト化して出す場合もあるんです。社員さんが出ると予算削減になり声優代も要らないじゃないですか。

江原　今はネットでいろいろ書き込みがあります。新しいＣＭを出したらツイッターで反響があります。

　薬剤師を目指して素振りをしているＣＭがあるのですが、「なんで薬剤師になるのに、野球の素振りなんだよ」って、ツイッターでツッコミが入ります。狙った通りだなあと（笑）。

　コアなファンからは新作はいつ放送するのか、という問い合わせの電話があります。ぜひ録画するからどの番組で流れるか教えてほしいというんです。

江原　独自にＣＭを収集して再編集してニコニコ動画に上げてる人がいたりしますよね。妙に問い合わせがあるなと思って調べたら、再生数が10万を超えていたりとか、ビックリです。

　ホームページでもユーチューブにアップされていることをお知らせしています。

澤田　作者としてはありがたいですね。勝手にみんながどんどん広めてくれて、ありがとうって感じです。

※1　岡山・香川エリアは岡山に3局、香川に2局を擁しキー局全局がある。

ザグザグでは年に1度「ザグフェス」というイベントを開催している。岡山市内のコンベンションセンターを借り切った会場には、店で扱っている商品のメーカーブースが並び、岡山県下のB級グルメの屋台が揃う。その一角にザグザグのＣＭキャ

COLUMN

ラクターのブースもある。キャラクターグッズを販売しているのだ。

その会場では、CMキャラクターを描いている澤田さんがファンからサイン責めに遭うのだという。

澤田さん談「年齢層は幅広いですよ。小さい子もいらっしゃいますし、将来漫画家になりたい女の子もいますし、おじさんとかもいますよ。自慢するらしいですよ。会社に持っていったりして。地方アイドルみたいなノリなのかもしれないですね」（宮崎）

CMをやめると怖いのでやめられない

吉原一裕社長にインタビューしました。

20年前から継続、ほとんどの商圏をカバー

現在のテレビCMを始める前は、テレビ局から持ち込まれる企画に合わせて単発でCMを出していましたが、「どんどん」[※1]として単独で現在のCMを始めたのは20年ほど前からです。

以前から広告業界を多少知っていましたので、テレビCMというのは費用対効果はどうなんだろうとか、商圏が狭いエリアを狙った商売ですので、広い地域で放送されるテレビCMというのは果たして効率的なメディアなのか、無駄になってしまうんじゃないかという気持ちはありました。ですから、ある程度、店舗が増えてからということで、30店舗を超えたころからCMをスタートしました。

現在は店舗を静岡県全域[※2]に展開していますので、CMを出しているテレビ局の放送エリ

ハッピーグルメ弁当　お弁当　どんどん

株式会社どんどん

●会社概要（平成24年6月現在）

創　業	昭和56（1981）年4月
資本金	1,000万円
代表者	代表取締役社長　吉原一裕
社員数	社員73名・パート596名
本　社	静岡県静岡市清水区袖師町1307-1
●コンセプト	Happy together（ハッピートゥギャザー）
CMによる宣伝効果	**長く続けた結果、知らない人がいないお弁当店となった。社員のモチベーションアップ**

アが商圏のほとんどをカバーしています。

知名度アップ、イメージアップを狙いとして

CMを出すに当たっては、社内的には、「父親に〝CMもやってない会社〟と言われた女子社員のための嫁入り道具代わり」に始めたことにしています(笑)。

実際、現実問題として、CMに対して販売面での効果というのは、最初からそれほど期待していませんでした。ですから、当社のCMの目的は「お弁当　どんどん」の〝知名度アップ〟と〝イメージアップ〟です。

〝女子社員の嫁入り道具〟というストーリーもイメージアップにつながるだろうということですね。

メインは一本1万円の深夜枠から

時間帯は深夜も含めて指定するわけではなく、ランダムに月間何本、月に10〜20万円というところからスタートしています。要するにやってればよいだろう、月に1本でも流していればよいだろうというくらいの気持ちでしたね。

その後、静岡県の場合、どれくらい流せば認知度が上がるんだろうという話になって、そのときに広告代理店から言われたのが月50万円。それ以後、月50万円で展開するようになりました。

現在は年末年始の休みと8月の夏休みは、帰省者に向けて集中的に流しています。その時期には、出稿するテレビ局も増やしています。

お弁当 どんどん　絵コンテ

■女性
司会者の声
「さて問題です。今話題のハッピーグルメ弁当とは?」
♪(ピンポーン)

■男性
司会者の声
「えびかつ丼いったー!」
■エビカツ丼を被った女性
「どんどん?」

♪(ピンポンピンポン!パフパフ!)

■男性
司会者の声
「おめでとー!」

■女性NA
「ハッピートゥギャザー」

♪
(おいしいはどんどん
お弁当どんどん)

イメージを植え付けるには効果的

CMに対する反響はいろいろありました。最初は私の子どもたちからも嫌がられましたよ（笑）。

あるときなど、音楽関係の友人から、「子どもがお前のところのCMソングを歌ってしょうがない」とかね。だから、インパクトはそれなりにあったんでしょうね。

CMはインパクトがすべてとはもちろん考えていませんが、インパクトも必要だし、最初の段階ではそれなりの成果があったと感じています。

CMは昔の戦略爆撃機みたいなもので、ピンポイントではなかなか当たらない。そんな感じですが、一般のお客さんにイメージを植え付ける効果はあると考えています。

継続してイメージの蓄積を重ねることに意義

ここまで継続してきたのは、他に良い企画

がなかっただけで、いまのCMを決して気に入っているわけじゃない、というのが本音のところです（笑）。

途中で嫌だと思っても、やめるわけにいかなくなったというのが現状だろうと思います。あまりにも皆さんがあのCMをよく知っていらっしゃるものですから、逆に、続けることで、さらに当社に対するイメージの蓄積を重ねていけば、良いか悪いかは別として、それなりの意義があるんじゃないかと。途中からは、意識的にそうした考え方をするようになりました。ここまで来たら、やってしまおう！　というところはありますね。

いま、テレビCMは昔ほど有効ではないと言われていますが、やはりテレビCMならではの効果はあるだろうと漠然とですが感じています。漠然とした期待というものをいまも持っているので、続けているというのが事実です。でなきゃ、もうやめてます。

やめない一番の理由は、やめると怖いからです（笑）。忘れられると困りますからね。

続けてきてよかったのは、長くCMを流すことができる会社として信用度が上がったことですね。それだけ「内容がしっかりしている会社」として見ていただけます。

知名度が上がったというのは確実にあるでしょうね。食品関係全体に言えるんですが、我々のような業態は「知名度アップ」が最優先の課題です。

CMは目的、制作意図を明確に

CMを出すに当たっては、話題になることを自分のところで作れるかどうかがまず大事でしょうね。話題を作為的に作るのではなく、現在やっていることが話題になるように、持っている独自の強みを生かすことが重要だと思います。

そして、CMを出すことで何を求めるのか、何をしたいのか、目的を明確にしたうえで、自分の意図、何を表現したいかということをよく考えるべきですね。

余裕があれば、最初は騙されたと思ってやってもいいんじゃないですか。それくらいの気持ちでやると腹も立ちませんしね（笑）。最近は、料金も昔ほどじゃないと思いますから。

※1　吉原社長が心ひかれている禅の世界に、拙、愚、鈍といった言葉があり、「どんどん」の社名はそうした哲学的な考え方を根底にしたもの。設立当時は「アンアン」「ノンノ」といった女性向けの雑誌もあり、〝どんどん良くなる、どんぶりどんどん〟といった、語感、響き、語呂の良さもネーミングの決め手となっている。
※2「お弁当どんどん」の店舗は静岡県内（57店）だけでなく、西は愛知県（14店）、東は山梨県（6店）、神奈川県（8店）、東京都（2店）の合計87店と広く展開している。

COLUMN

「どんどん」は静岡県民の青春のアイコン

「お弁当どんどん」のCMのコンセプトは、とにかく〝明るく〟だ。構成は、昭和52年（1977）から平成4年（1992）まで放送されて人気を集めたテレビ番組「アメリカ横断ウルトラクイズ」をパロディー化したもの。バックに流れるCMソングは、1950〜60年代のアメリカンポップスの流れを汲んでいる。

吉原社長の言う〝安上がり〟にするため、登場人物には一部、制作会社のスタッフが登場している。そのうちの一人が、後年結婚した際、披露宴でこのCMが流れ、会場の爆笑を誘った。一方、主演を務めた女優は、いまや年齢も体重も倍になったと自虐ネタにしているそうで、女性の強さも再認識できるエピソードを生んでいる。

最近ではテレビドラマの中で静岡出身という設定の登場人物が「どんどん」のCMソングを歌うシーンがあるなど、「どんどん」のCMは静岡県民にとって青春のアイコンとなっている。（志賀慶次）

クライアントが語るヒットCMの裏側⑤

マル邦石工房（メディアジャパン制作）

CMは動くし、音が出るから、うちのキャラクターが生きるよね

メディアジャパンでは2011年からマル邦石工房のCMを手がけています。放送から1年半経った今、CM放送をどう捉えているかを額田雄一社長に聞きました。

CMは正直、安いと思います

今、月に20万円から30万円分くらい放送しています。1年半くらいCMを継続していますけど、僕は正直、安いと思いますね。

お客様からの反響いうのはやっぱり違います。

放送開始当初は「CMしだしたんだね」って、自分の周りの人たちに言われるようになった。だったら一般の人も見ているだろうと思いました。

うちは石の加工はすべて自社工場で行っています。

CMでは一貫生産をしていることを見せて、

マル邦石工房

創業	昭和60（1985）年1月
資本金	1,000万円
代表者	代表取締役社長　額田雄一
社員数	社員36名
本社	香川県高松市庵治町6392－28
事業内容	墓石、石材加工、小売り、卸業
CMによる宣伝効果	**安心感が伝わり、好感度UP!**

お客さんに安心感を伝えたかった。

　新聞には多くのチラシが入っています。お墓を建てようと思って気にしている方はチラシをチェックしますよね。

　チラシだけで安いなんていっても、うさんくさいと感じる部分もあると思うんですよ。

　でもCMも流れていたら「テレビで見たことある、じゃいっぺん行ってみようか」となる。それで実際に来店してくれたら、CMとチラシの内容がまったく一緒、ウソがないと、信頼してもらえると思うんです。

　チラシだけでは、誰でも宣伝できることやし、やっぱりテレビCMできるという信用が大切なのではないかと思います。

マル邦石工房　絵コンテ

■おじいちゃん・おばあちゃん
「お墓どうしよう〜…」

■マル邦くん
「ちょっと聞いてよー!」

♪歌
マル邦なら大丈夫
心を込めて丁寧に

つくったお墓が自慢です
お墓のことならマル邦

■マル邦くん
「是非、お店へ!」

石材店は入りづらい、キャラクターを活用して入りやすいイメージに

うちが本店を構える庵治《あじ》は石の産地です。町中に石材店が並んでいて、切り出した石が積みあげられているなど、皆同じように見えます。

しかも石材店というのは、なかなか入りにくいと思います。

キャラクターをうまく活用したら、入りやすくなるのではないんかなあと思うんです。うちには、「まるくにくん」というキャラクターがいます。

高松市と坂出市に店舗があるのですが、それぞれキャラクターを大きく描いた看板を店頭に出しています。

車で走っているドライバーには、かなり目立つようにしてあるので、ドライバーがテレビCMを観ると、「あっ、あそこの店か」と関連づけてくれると思うのです。

CMやりたかったけど、高くて断念した。今はやってよかった

CMの営業はいろんな代理店が来てくれたんですけど、結局高かった。

それに説明不足すぎ。「これくらいの金額ですよ、やった方がいいですよ、以上」みたいな感じでした。どこの放送局を使うとか、何も説明ないんですよ。

そりゃCMしないでしょ。

僕の中ではCM＝50万円以上は毎月かかります、っていう感覚がありました。

しかし、宮崎さんの提案と見積もりを見たらそうでもない。放送回数もすごく入っとったので、これならイケると思いました。

毎月こんな値段でできるんだって、正直びっくりしましたね。

制作に関しては、うちのキャラクターを動かしてほしいと依頼しました。

絵コンテは2案いただいたのですが、どち

らも甲乙付けがたい内容でした。

　1つは店舗と会社をまるくにくんが説明するモノ、もう1つは金の斧と銀の斧の昔話をアレンジしたモノ。おもしろかったのが、昔話の方だったのですが、初めてのCMなので、業務内容が伝わる方を選択しました。昔話篇は儲かってから次の作品にしようと（笑）。

　あのキャラクターのCMを初めて見たとき「うちのキャラがしゃべった！」って思いました。「こんな声だったんだ」みたいな（笑）。感激しました。

COLUMN

額田社長いわく「今までの代理店はCMの売り方がへたくそ、第一、金額を明瞭にしてないのがおかしいのではないか」とおっしゃる。

　石材店もお墓の値段が低額から高額なモノまで幅広く、国産品と中国産との表示が曖昧なので、お客さんも判断がむずかしい。マル邦さんのウリは「明瞭価格」。

　CMの世界もうちみたいに価格をはっきりさせて、どんな効果があるかも提示すべきだという。

　おっしゃる通りです。（宮崎）

クライアントが語るヒットCMの裏側⑥

新商品のCMで企画力をアピール。CMを長年続けることで地元の優秀な人材も確保

万殿貴志社長にインタビューしました。

地主への訴求、地元で名前を知られるために

CMはもう20年以上やってますね。特に14年前からは「パークンパーク」という子会社で駐車場の運営事業を始めたので、こちらのCMを放送しています。

CMの目的の1つは、地主さんに「土地の有効活用で駐車場をやりませんか」と呼びかけること。それからもう1つは駐車場の利用者向けですね。

機械式の駐車場で無人なので、トラブルがあったときに心配だというお客さんもおられる、CMをやってるんだったら安心と思ってもらえるかなと。会社のイメージアップと、地主さんと利用者の方に向けてのPRを兼ねてCMをやってます。

岡山の英田エンジニアリングって言っても、地元ではあまり知られていなかったんですよ。

株式会社
英田エンジニアリング

創業	昭和49(1974)年
資本金	6,000万円
代表者	代表取締役社長　万殿貴志
社員数	115名
本社	岡山県美作市美保原678
CMによる宣伝効果	リクルートで新卒採用に抜群の効果を発揮。業務が駐車場開発ゆえ地主との交渉があり、知名度が高いことで有利となった。

パークンパーク　絵コンテ

■NA
コインパークが
苦手なあなた

■NA
パークンパーク
なら大丈夫

広いスペース

駐車しやすい
ダブルライン

■女性
「入れやすい！」

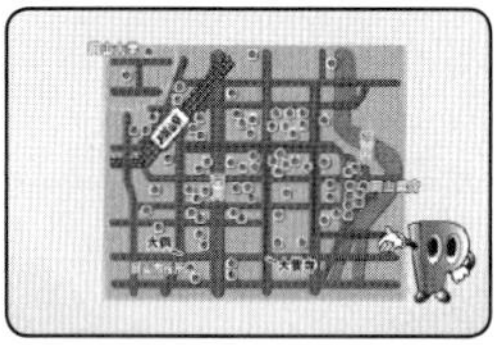

■NA
岡山市内に
およそ80か所

■NA
安くて便利な駐車所
パークンパーク

弊社のお客さんは関東など大阪より東の方が圧倒的に多いので、地元での知名度は低かったのです。

実際CMを流した前と後とでは営業のしやすさが違います。営業マンが行くと「コマーシャル見たよ」と言われるらしいです。でも「毎週放送してあれ相当高いんじゃないの」って言われますって。

CMは安い、他に良い広告媒体ありますか？

CMはうまく買うと安いと思いますよ。これだけ地元エリアのたくさんの人に、瞬時に情報を提供できるというメディアは他にないんじゃないですか。

CMの効果はリクルートにも現れています。

面接で学生に「どうして我が社を受けようと思ったのですか」という質問をしますよね。そうすると「両親が、英田エンジニアリングという会社は、昔からCMをしているので、知っている」という反応が返ってくるんです。CMやっててよかったなあと思います。

ご両親としては昔からずっとあって、コマーシャルをずっと切らさずに流せるくらいの企業だから、内容はよくわからんけど、いい会社だと思うと。そういうイメージだと思います。

でも、CM流してなかったら、名前すら知らないでしょう。

親が「よう調べてみないとわからんけど、聞いたことがないなあ」などと言うと迷いますよね、本人。

自分よりも何十年も長く生きている人が、同じ岡山県に住んでいて知らない。

そう言われたら不安になりますよね。違うところに就職しようかなと思うでしょう（笑）。

CMを作り替える意味は、新しいことに挑戦している姿を伝えること

もう毎年のように作り直しています。年間経費500万くらいです。制作は1本あたり平均したら4、50万くらい。流す値段の1割くらいで作るって感じですね。

1か月当たり、30～40万程度の放送料金です。

それでリクルートがうまくいけば、安いモノです。

基本的には、伝えたいことや売りたいモノを代理店に伝えます。その後、広告代理店が絵コンテを持ってきて、こういうのはどうですかという提案をもらいます。

打ち合わせして、修正して、撮影して、3種類くらいVTRを作って持ってきて、気にいったものをまた修正して放送します。

作り替える理由ですか？　やっぱり時代は変化するでしょう？

例えばうちは駐車場のCMやってますけど、駐車場でもどんどん新しい技術が開発されてます。うちなんか開発力で勝負せないかん会社なので、どんどん新しいものを出していきますよね。

それはCMで打ち出していかないと、古い会社だと思われるんですね。アイデアのない会社、新商品のない会社だと思われる。だから毎年違うなと。新しいことに挑戦していると思ってもらえるように、CMを作り替えます。

開発力がある会社で、長く存続している会社で、信用できまっせと。そんなメッセージをさりげなく、毎年毎年新しく打ち出していってます。

広告代理店、具体的な数字をあげられないCMの営業はへたくそ

他の会社がCMをやらない理由は、やっぱり1つには金額が高いと思ってるんじゃないですか。

それから自分のとこの商売に具体的に結びつかない。リクルートも含めて総合的に結びつけられないと思っておられるんじゃないかと思います。

広告代理店から営業マンが来るときもありますよ。来ますけど、営業がへたくそですね。例えば「CMやりませんか」と来るでしょう？「何分でいくらですよ」という話をする。

この時間帯はこのくらいの視聴率がありますよ、という話はしてくれますけど、営業マンからは「御社のユーザーが何パーセントくらい見ておられますよ」といったような、具体的な数値ってないですよね。

エリアなんぼで、視聴者なんぼ。視聴率なんぼと。そんなん聞いたって、多分一般の経営者の人だったら、それにメリットあるかわからないですよね。自社のメリットとつながらないんです。

広告主が本当は何をしようとしているかというと、自分とこの商品を売りたいとか、自分とこの知名度を上げたいとか、リクルートで活用したいとか、そういったCMの目的があるでしょ。

広告代理店はその目的が達成できるような情報というか、データを提供してない。データをしっかり集めて営業に行けば、もっと乗ってきますよ。

その効果がデータから見えてきたら、経営者は1回やってみようかなと、今年儲かったしやってみようかなとか思うじゃないですか。

例えばあそこのクリーニング店のおじさんがCMやってると。そしたら同業他社とか、それより規模が大きい会社だったら、あそこがやるんだったらうちもできるよな、と考えるんじゃないでしょうか。

COLUMN

英田エンジニアリング社の近くに長福寺というお寺がある。国の重要文化財に指定されている三重塔があり、岡山県下で最古の建築物だという。

その長福寺で毎年1月中旬に「虚空蔵《こくうぞう》大祭」というお祭りがある。子どもの厄払いと知業成就を願う祭りだ。

実は英田エンジニアリングでは長福寺の住職の頼みで、虚空蔵大祭のCMを流している。つまりお祭りのスポンサーである。スポットで約30本。祭りの前に流すのだそうだ。

5年くらい前から頼まれてCMを打ち出したら参拝者が結構、多くなったという。寄進代わりにCMを肩代わりすることで、地域貢献にもなる。

こんなCMの使い方もあるのですね。（黒澤）

ダサイところが皆さんにおもしろがられた

山田進専務にインタビューしました。

少しでも名前を知ってもらうために30年前から開始

うちの場合、学生服を専門に扱う店なんですが、始めた当時は、学生服を専門にやるお店というのはなかったんです。その中で、うちが「学生服だけ」を扱うということで動きだしたんですが、そのときに周りの人から「学生服だけで大丈夫か」と言われたり、この店を始めた私の父である社長も、少しは不安を感じていたんでしょうね。

そんなときに、後押ししてくれた広告代理店の人がいたんです。「応援するから、テレビCMやってみたら？」という感じで。

本数を多くせずに、いい時間帯にしなければ、料金はそんなに高いものでもないし、ゴールデンタイムとかは無理だから、格安の時間帯でパラパラやってみたら？　と。そんな経緯で、少しでも「学生服のやまだ」をP

俺たちにゃ掟がある　学生服のやまだ
株式会社やまだ

●会社概要（平成24年6月現在）

創業	昭和22（1947）年2月
資本金	1000万円
代表者	代表取締役社長　山田起男 代表取締役専務　山田　進
社員数	8名
本社	静岡県静岡市葵区鷹匠一丁目4-10
事業内容	学生衣料（制服・シャツ・ブラウス・その他）の企画・製造販売 企業ユニフォーム企画・販売
CMによる宣伝効果	**静岡県民のソウルソングになり、知らない人がいないほどになった。**

Rしようということで、約30年前からテレビCMを始めました。

耳に残るCMソングが有名に

それで、CMを作るなら音楽を流した方がいいということになりました。

当時はフォークソングが流行っていた時代で、みんな好きだったじゃないですか、ギター片手にいろいろ曲を作ったりするのが。そういう感じで、当時の広告代理店の人の仲間が集まって、今の曲ができたんです。

うちの場合、のちのち有名になっちゃったのは、そのCMソング[※1]なんです（笑）。

〝俺たちにゃ明日がある、夢がある、掟がある～〟と、「掟」という言葉を使ったり、最後に〝学生服はやまだ　やまだ～〟で終わるんだけども、これが妙に耳についていて、結果的に印象に残るようですね。

それで、「継続は力なり」じゃないんだけれども、ほんとにうちなんて力ないから、ずっとそれでパラパラやってたら、だんだん見てくれる人の耳に残って、20年くらい前から〝♪学生服はやまだ　やまだ～〟って口ずさんでいただけるようになったんです。

おもしろCMとして全国ネットテレビで話題に

CMって言うと、大企業さんは代理店が入ってプレゼンをやってってなるけど、うちのCMは決してウケ狙いでもなんでもなく、ずっと流してたら、逆にそれがダサくって興味を持ってもらえた（笑）。

それで地元の方が、地方のおもしろCMを紹介する番組に応募してくださって、全国ネットの番組がうちのCMを流してくれたんですよ。それだけでも、極端に言うと数千万円のPR効果があるわけですね。そうすると、ダサイと言われていたのが、見てくれた皆さんがおもしろがってくれるようになり、そこからはもう、どんどん広がっていっちゃった。

そうすると、地元のテレビ局も取り上げないわけにはいかないようになり、各社が競ってうちのCMを紹介してくれて、また有名になった（笑）。

2年くらい前には「秘密のケンミンSHOW」という番組で流してくれて、また話題になったり。自分で言うのもお恥ずかしいんですが、地元のテレビ局がローカルCMのアンケートを取ってランキングをつけると、必ずと言っていいくらいベスト3に入ってます。そうすると、上位3社くらいは取材に来てくれるので、また話題にしていただける（笑）。

継続することで大きな効果が生まれる

今思うと、ウケ狙いとかでやってたら、やっぱり大変だと思う。だから、普通にやって継続していくと、自然にお客さんの目を引くことになる。結局、それが大きい効果なんですよね。

新聞にしたって何にしても、1回や2回じゃ、効果が出るなんてあり得ないですよ。短期的にCMを流しても、そのときの番組を全員が見てくれるわけじゃないですからね。紅白歌合戦の中で流せれば、話は別でしょうけど（笑）。

今も生きる月5万からの放送料金

放送料については、広告代理店もうちがお金がないのはわかっているから、最初はあるテレビ局に月5万円で、1年間60万円。継続してくれればこの料金でもOKということで。

うちは学生服の商売なので、11月くらいから入学式くらいまでの間は集中してほかの局にも流すので、月に100万円近くなるときもあるんですけど、ヒマなときは月5万円の契約が生きてくるわけです。

もちろん、ゴールデンタイムは無理ですけど、それでも6時から7時のいい時間に月1本くらいは入れてくれます。通常は、子どもさんのいる親世代を意識して、午前中と午後2時、3時台が中心ですね。

商圏以外の放送も無駄にはならない

静岡県は東部、中部、西部の3つの地域に分かれていて、うちは中部の中心に位置しているので、主に富士川と大井川の間が商圏になっているんですが、CMは放送エリアの関係で静岡県全域で流れています。

でも、それはそれでありがたいんです。というのは、西部の浜松の人も、東部の沼津の人も、うちのことを知ってくれています。なかには浜松の人がブログなんかで「僕は学生服はやまだで買うつもりでいたのに、浜松に

学生服のやまだ　絵コンテ

♪歌
（女性ボーカル）

俺たちにゃ
明日がある

俺たちにゃ
夢がある

俺たちにゃ
掟がある

学生服は
やまだ
やまだ

お店がなくて残念」とかね。

浜松とか沼津にいた人が、転勤とかでこちらに来ると、必ず声をかけてくれるからね。そういう意味では、静岡全域で流れても無駄だとかは考えたことがないです。

CMは身の丈に合わせ、継続すること

これからCMをやろうと考えている方へのアドバイスは、考えちゃ駄目だということですね。まずやることです。誰だって最初はどうしよう？　とか躊躇すると思いますが、とりあえずやってみて、もし効果がなくて経費も大変だったら、それはそれで駄目だったということでやめてもいいし、それで会社がぐらつくようなことにはならないですから。

もちろん、身の丈に合わせてやることが大事ですけどね。会社のことなんだから、私はどんどんやるべきだと思いますね。


費用もそんなにかからないというか、「こういう予算で」と相談すれば、テレビ局さんや広告代理店さんが必ずできる方法をアドバイスしてくれます。

身の丈に合ったことを、とりあえず始めるのが一番じゃないかな。うちも最初は、マネキンに制服を着せた静止画とCMソングだけでしたから。

もし効果が出なくても、会社としてCMを流すことが重荷でなかったら、継続することです。それに尽きます。

※1　CMソング歌詞

俺たちにゃ　明日がある
俺たちにゃ　夢がある
俺たちにゃ　掟がある
学生服は　やまだ　やまだ
俺たちにゃ　涙がある
俺たちにゃ　汗がある
俺たちにゃ　掟がある
学生服は　やまだ　やまだ

COLUMN

♪学生服は　やまだじゃ　ヤダ～

「学生服のやまだ」のCMソングは、すでに「やまだ」だけのものではなくなっている。

まず、替え歌が生まれているのがその証拠。幼稚園児がやまだの本店の前を「♪学生服はやまだじゃ　ヤダ～」と歌って歩くそうだ。恐縮する母親に、山田専務はありがたいこととして、逆にお礼を言いたいくらいだという。

また、Jリーグ・清水エスパルスのマスコットキャラクターが、試合前のショーで「やまだ」のCMソングをアレンジした歌を披露し、観客の爆笑を誘ったこともある。

さらに、静岡市の文化会館で行われるライブでは、アーティストが歌う「やまだ」のCMソングが定番化。ヒット曲の合間に行われるウケ狙いのこのパフォーマンスは、間違いなく観客に大ウケしているそうだ。（志賀）

100年先にも、同じCMを流してやりてゃあ

近藤成章社長にインタビューしました。

何んでも貸します　近藤産興
近藤産興株式会社

●会社概要（平成24年6月現在）

創　業	昭和22（1947）年11月
資本金	4,800万円
代表者	代表取締役社長　近藤成章
社員数	207名
本　社	愛知県名古屋市南区浜田町一丁目10番地
事業内容	●イベント企画の立案から会場設営・撤去までの総合サービス
CMによる宣伝効果	**以前はDMはがきを10万枚出していたがCM効果の方が高いという理由で止めた。**

時間帯も映像も変えず、20年以上継続

ＣＭを始めたのは、取引していた広告代理店から、新しいテレビ局が開局して埋まらん枠があるというので、埋めてくれという話があったのがきっかけ。値段も割安なのでどうかと。

そのときは「ＣＭは料金も高いし、必要なのかな」と考えたが、当時、建設会社や大工さんに向けてＤＭハガキをばんばん出していて、その費用と換算してみて、一度やってみるかということで出したのが最初。それが25、6年前。それ以来、うちのＣＭは基本的にずうっと同じ深夜25時の時間枠で変えてない。

初めのころはカタログ写真を紹介する静止画を使っとったが、どうもいかんなということで、目に付いて長く使えることを考えて動画を作り、この映像の基本的な構成はずっと

変えてない。20数年変えてない。
この前、永久に同じ時間枠でどうぞと言われたんで、これから50年、60年と同じCMを続けるつもり。この先、テレビがあるかどうかわからんけどね（笑）。

覚えやすいCMソングの効果は絶大！

いま流しているのは名古屋の1局だけ。最盛期は名古屋のテレビ局全部で流しとった。

近藤産興　絵コンテ

（かけ声）
はいぃ〜！

♪歌
何んでも貸します　近藤産興
（ゴー！）

ジェットも　祭りも　イベントも
（イエ〜イ！）

キャンプにカラオケ　遊園地
（イエィ　イエィ！）

楽しいパーティー

（フ〜ワ〜　フ〜ワ〜）

■女性NA
今いる、すぐいる、たくさ〜んいる

■電話係一同
「お電話ください」

■男性NA
何んでも貸します。近藤産興

そのころから、うちはニュース番組なんかでよく取材を受けていて、いまでもテレビ、新聞、雑誌の取材がよくあるけどね。選挙だ、地震だとなると、そのときの対応の様子をうちに取材に来るわけだ。一般の方はもちろん、メディアの皆さんにも「近藤産興」の名前がよく知られていて、すぐに思い浮かべてもらえるからね。これがCMの大きなメリット。特に「何んで〜も　貸します　近藤産興〜」のCMソング※1の効果は絶大だね。

うちのCMソングは、短くて、覚えやすくて、明るくて、子どもでもすぐに歌えるような曲を作ろうということで、社内で集まって、ああしようこうしようと、いろいろ意見を出し合ってその場で作ったんだ。

伝えたいことを表現しているから変える必要がない

うちはCMのスタイルを変えないのが基本。どこのCMも半年くらいで次から次に変えるでしょう？　うちはそういうことはせずに、ずうっと同じでやっている。当時20代だった出演タレントももう50代じゃないかな（笑）。

これからも変えるつもりはないから、あと25、6年経てば50年で、そのまま100年変わらないCMということになれば超有名になるがね（笑）。

CMを変えないのは、変える必要がないということ。ジェット機から茶碗まで、扱っているモノを全部、表現してあるから。

ターゲットを絞らず、印象に残るCMを

CMのおかげで、初めてのお客さんでも改めて会社の説明をする必要がないし、幅広くいろんなことをやっているということがわかってもらえるようになった。

CMの内容は、「近藤産興」を広く知って

もらうために一般向けにやるもんだで、建設機材の発電機とか足場がどうとかやってもしょうがない。建設業界のお客様とは、専門家としてカタログと電話でお話ができちゃうわけだから。

だからCMのターゲットなんか絞ってない。テレビは誰だって見ているもんだで。パシッと印象に残って、子どもでもCMソングを歌ってもらえるのが狙いだ。

CMをやるなら、ずっと続けないかん。それがうちの考え方。続けることで効果が出る。

うちのような会社は大会社と違って、年中、新製品を売り出して一斉に新しいCMを打ったりはできないんでね。

だから、何か話題性のあることを仕掛けて、できるだけテレビとかいろんなメディアで取り上げてもらって、CMとの相乗効果を上げていかんとね。CMは短い秒数でやるもんだで、会社の「イメージ」をPRして、見ている人の頭に刷り込んでもらわないかんということだね。

CMを出して一番良かったのは、どこに行っても「近藤産興」を知っとってくれることやね。東海地区では、大会社よりうちの方が知名度が高い（笑）。

やっぱり、会社を知ってもらうにはテレビCMは効果的だね。最近、テレビの視聴率がどうこう言われても、まだまだテレビの力は強い。画面が大きいし、迫力がある。最近はクルマに乗りながら見とる人もおる。

10万枚出してたDMはがきを止めてCM一本勝負！

テレビでうちのCMを見た人が、近藤産興ならいろいろやっていそうだし、まず聞いてみようと電話してくれる。そういうケースが多い。

お客さんからは、無理難題を持ちかけられることも多いね。そんなときも、なんとか手配して、ないモノはうちで作って対応してきた。

もともと個人営業の「近藤塗装店」として創業して、昭和39年から機械の修理、営繕工事に手を広げ、「何んでも貸します」のキャッチフレーズでレンタル・リース業も始めたんで、ないモノはすぐ作る。お客さんから、お化け屋敷をやりたいと言われれば、全部うちで作っとった(笑)。

CMはうちが初めてやったころは、同業他社はどこもCMをやってなかったし、コマーシャルソングを持っているところもなかった。そういうなか、先行投資のつもりで先頭切ってやってきたが、こうして続けてきた甲斐あって会社の知名度は上がるし、信用度も上がった。

10万枚出していたDMハガキも、CMでそれに見合う成果が上がり始めたもんだで、出すのを止めた。

今となっては、やめれんわ。やめたら、あそこの会社、倒産するのか？ オヤジ死んだんじゃないか？ ということになりかねん(笑)。

※1 CMソング歌詞

ハイ〜
何んでも貸します　近藤産興
ジェットも　祭りも　イベントも
イエ〜イ
キャンプに　カラオケ　遊園地
イエィ　イエィ
楽しいパーティー　フ〜ワ〜　フ〜ワ〜

COLUMN

逆さま看板は効果抜群のワサビ!?

「CMは、お上品でもいかん、下品でもいかん。明るく、短く、楽しく、さっぱりと。覚えやすく、いっぺんで覚えてもらわんといかん」という近藤社長。CM撮影の立ち会いから業界紙の広告のチェックまですべてに目を光らせる。そのポリシーは、屋外広告のメインとなっている看板でもぶれてない。

本社前の国道沿いに儀仗兵のようにずらりと並べられた「何んでも貸します」の看板。そのうちの数本が逆さまになっていて、上から「何んでも貸します」と書かれている。これで目に付かないはずがない。気にならないわけがない。間違いでは？　と電話をかけてくる人もいるという。

これが近藤社長の狙いだ。逆さまにした看板は、ピリッと効くワサビの役目を持たせたもので、「何んでも貸しますの近藤産興」を一回見ただけで覚えてもらえるという。（志賀）

逆さま看板

春先が勝負！　CMを2か月間で300本集中させて、地元福岡ナンバーワンに定着

経営企画室の齊藤寛《さいとうひろし》さんにインタビューしました。

創業61年初CMが…。反応がいまいち、第2弾は地元密着を伝えたら成功

CMを始めたのは競合の会社が福岡に進出するようになったからですね。

創業以来61年、三好不動産は福岡県内に特化した不動産業社としてやってきました。

県内に2万5千件の契約賃貸物件を抱え、福岡ではナンバー1を自負しているのですが、最近、福岡の人口増加に伴って、新たに進出してくる同業者が増えまして、差別化を図らないといけないと感じたのがきっかけです。

CMは、だから最近なんですよ。昨年、初めて作りました。

街頭とオフィスで撮影をして、規模も予算も大きくて期待したのですが、これがあまり評価されなかった、評判が芳しくありませんでした。

株式会社三好不動産

創業	昭和26（1951）年7月
資本金	5,000万円
代表者	代表取締役　三好修
社員数	283名（平成24年10月現在）
本社	福岡市中央区今川1丁目1-1
事業内容	不動産業
CMによる宣伝効果	**同業他社が進出してきた対抗策として地元で長くやっているイメージを出したかったが、それが成功。**

どうしてだろうか。自社内外でCMを見た感想を聞くアンケートを取ったのですが、もっとも多かったのが「何のCMかわからない」というものでした。これには困りました。お客様からは「三好不動産さんらしくないですね」とも言われました。当社らしさが伝わらないのはよくないですよね。

最後の最後に三好不動産と出るのですが、それまでは何の業種のCMなのか、確かにわかりにくい。内容はおもしろいのだけれども、仕事というか業種と一致しなかったのです。

そこで今回の反省とともに、代理店と相談

三好不動産　絵コンテ

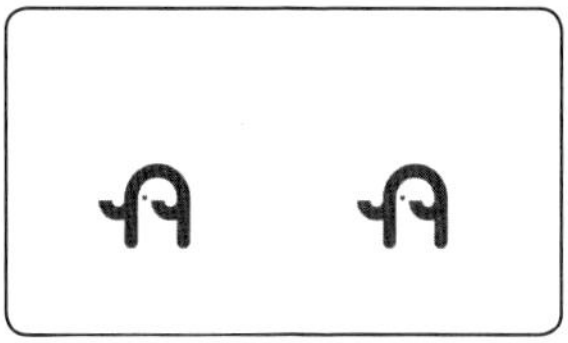

■子象
「ねぇ父ちゃん、
スマイルプラザって
何ね?」

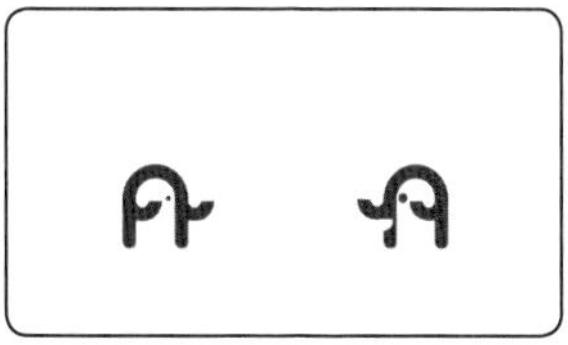

■父象
「三好不動産の賃貸ったい」

■子象
「三好不動産の賃貸ね」

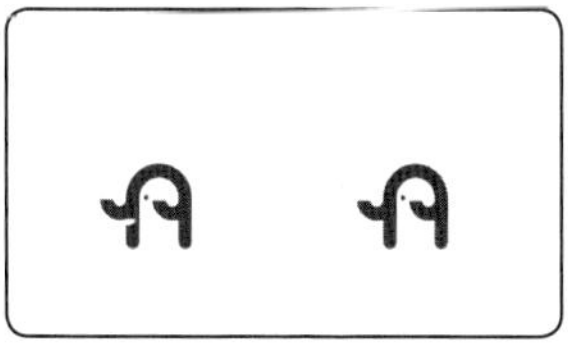

■父象
「違う!
三好不動産の
賃貸ったい!」

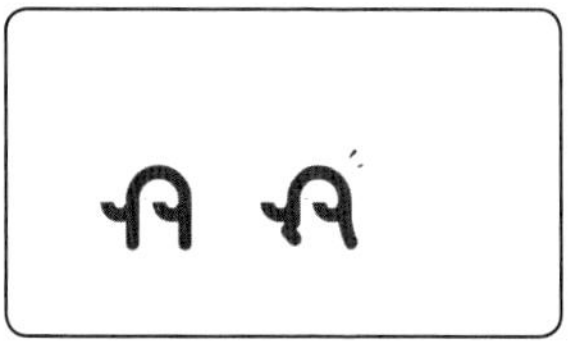

■子象
「一緒やんね。
言い方だけやんねー!」

住みかえるなら。
三好不動産の賃貸
スマイルプラザ
スマイルプラザ 検索
WEBで全CM公開中!

♪歌
す・す・す・住みかえるぞう
住みかえるなら
スマイルプラザ

しながらアイデアを出していきました。

三好不動産の頭文字「M」を元に作ったシンボルロゴがありまして、以前から「ゾウさん」のキャラクターとして親しんでもらっていたんです。

あるときこれをアニメーションで動かすというアイデアが出て、「これだ！」と思いましたね。ロゴなら福岡市内13か所にある店舗「スマイルプラザ」の看板やのぼりで頻繁に目にします。テレビのCMと実際の店舗がつながってお客さんに覚えてもらえると思ったんですね。こちらのアイデアで再び制作に入りました。

今回は地元を意識しまして、ナレーションはばりばりの博多弁にして地元密着を強調しました。これが当たりました。やっぱり皆が持っているイメージがあって、それに関連づけないとCMってうまく伝わらないのですね。

結果、ロゴの象さんがつぶやくテレビCMを9本と、ウェブ用に2本を作りました。

当社のホームページで全国どこからでも見ていただけますので、福岡に転勤の際にはぜひ、ご覧ください（笑）。

春先が勝負！ CMはこのタイミングに合わせて打つ

賃貸《ちんたい》物件が一番動くのは春先なんです。卒業・入学・転勤で人の移動が激しいときですね。CMもこの時期に集中させています。

1月から3月中旬までの間に300本を朝から深夜まで全日で集中的に流します。放送は県内の全局で放送しています。

当社では2009年からこの時期に「合格前予約祭」を開催しているんです。

それは九州大学の前期日程の入学試験日に行われる祭りです。

九州大学には、九州一円から学生さんが集まってきます。最近の傾向としては親御さんが同行して受験をしています。遠方の学生さんはホテルなどに泊まりがけで来ています。

学生さんが試験を受けている間は、親御さんは基本ヒマです。その空いた時間に、物件を見てもらうのです。親御さんが納得した物件を、学生さんには受験後に親御さんと同行して再度、見てもらうのです。

合格発表を待たずに予約を受け付けるのですが、当然、不合格者も出ます。その際には、キャンセル料が無料になるのです。

うちの予約者は約75％が合格します。自称縁結びというか縁起の良い不動産屋です。

きっと自信があるから予約するのでしょうね（笑）。

受験で泊まりに来る親御さんはテレビを見てますから、そのお客さんを狙ってＣＭを打つのです。結構、効果的ですよ。

40年変わらぬテレビCMで、福岡県民にはおなじみ

東雲堂

創業	明治39（1906）年
資本金	1000万円
代表者	代表取締役　高木美恵子
社員数	35名
本社	福岡市博多区吉塚6丁目10番16号
事業内容	食品製造
CMによる宣伝効果	**福岡土産といえば、必ず名前があがる商品となっている。**

営業本部長・高木雄三さんにインタビューしました。

40年前のCMが現在も放送されている 100周年でCMも変えようとしたが…

今のCMは昭和49年に作ったんですけど、先代の社長の名前が善治《よしはる》で、CMの少年の名前がゼンジです。先代が自分の子どもの頃のイメージでCMを作ったんですね。ガキ大将だったかは、わかりませんけど（笑）。

会社創立100周年のときに、CMが古いのでもういい加減に変えようかという話になりました。100周年だったので、新聞の取材もあったんです。取材の席で「もう制作してからだいぶ経つし、今度CMを変えようかという話もあります」と話しました。

そしたら、にわかせんぺい100周年というよりも「ついにあのCMが変わる」という記事がどんどんと紙面に載ったんです。私はCMを変えるとは言ってない、変えようかという

話があると言ったんですよ。
そしたらお客さんから電話がかかってきて、変えないでください、今のまま流してくださいと。なくなると聞いたら急に見たくなったらしくて、CMはいつ流してるんですか、とか、さまざまな問い合わせがありました。

そのうち、俺がCMを作る、みたいな人が出てきてですね、CM作りプロジェクトみたいなことでホームページを立ち上げた方がいらっしゃって、さらにまた再度取材があって、「こんな話になってますけど、東雲堂さんいかがお考えですか」なんて話になっちゃった。

東雲堂にわかせんぺい　絵コンテ

■母
「こら、ぜんじ!
また喧嘩して来たっちゃろ
はよ 断りば言うてきんしゃい」

♪歌

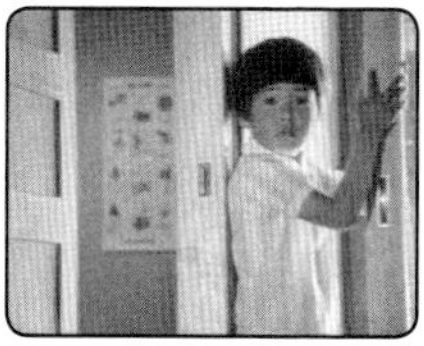

たーまにーはー

喧嘩にー

負ーけてこーいー

■ぜんじ
「ごめーん」

■NA
東雲堂のにわかせんぺい

こうなったら、もうＣＭは変えられないでしょ（笑）。お客さんにそういう熱い思いがあるんであれば、このまま流そうかということになりました。

結局１００周年でアニメバージョンを作って流したんですが、１０１年目からはまた元に戻して昔からのＣＭをやってます。

でもメーカーとしてはうれしかったですね。思いのある人がいてくれるのが、ですね。

今ではあまりたくさんＣＭを流しているわけではないのに、そこまでファンがいてくださるのは、たぶん昭和49年から昭和59年ごろは相当景気がよかったみたいで、ものすごくＣＭを流していたからではないでしょうか。

おみやげという商品から人が動く時期に集中特化

うちは、家で食べるというより、おみやげ需要の方が遥かに高いわけです。

にわかせんぺいを、おみやげとして買ったことはあるけど食べたことないという人が意外と多い（笑）。

店舗では「実は食べたことがないので試食していいか」と聞かれることがよくあります。

おみやげ需要が多いから、ＣＭは繁忙期だけ放送しています。５月、８月、12月です。だいたい１５０万円分くらいずつ流しています。

そのほかにも年間を通じて月10万という枠で流しています。

以前広告代理店に、もうけっこうみんなにわかせんぺいのことを知っているようだから、ＣＭを止めてもいいんじゃないかと言ったら、一度止めたらもうこの金額じゃできませんよって（苦笑）。昔からやってるから安いんであって、止めたらこんな金額じゃＣＭできないですねって。これ聞いたらＣＭを止めるのは怖くてできないですね。

COLUMN

にわか「せんぺい」である。せんぺいは方言だという説と、原料が小麦粉の煎餅の総称だという2つの説があるという。関東はお米を使っているのでベイなのだそうだ。

にわかせんぺいの東雲堂は創立の明治39年以来107年間にわたり、にわかせんぺいを作り続けてきた。

小麦粉・卵・砂糖を主原料にした小麦煎餅だが、今でも1日2万枚も作られ続けている。キヨスクやデパートなど名店街には必ず販売場所がキープされていて、一定の需要があるのはすごい。

CMの影響だろうか、福岡では「おわび」のしるしに、にわかせんぺいを持っていくというのが定番なのだそうだ。道理で需要があるわけである。CMが福岡市民の意識の底に作用しているとも言える。今日も福岡のどこかで、眉毛を八の字にしたお面のせんぺいが「ごめん」と謝っているのだろう。（黒澤）

CMを変えただけで県民の話題に。社名を知らずともCMで認知度抜群の「託児所完備の自動車学校」

取締役部長・渡辺美之さんと副校長・池田治人さんにインタビューしました。

30年前から、同じ場所で同じCM

渡辺　CMは若者狙いです、若者に運転免許を取ってほしいですから。ずっと「笑っていいとも」にスポットで入れています。30年前からですね。

この業界にも閑散期・繁忙期がありますので、学生さんの春休み、夏休みには多めに放送しています。年間を通じて月額21万円の定額でお願いしています。

「いいとも」に出したのは、学生さんがお休みの間は、非常に視聴率が上がると言われたからです。ですから学生さんが休みの間の平日の昼間、もしくは日曜日の増刊号に放送しています。その時間帯は非常に高い価格なんだそうですが、長いおつきあいなので、この金額でやらせていただいてますという説明を

東新潟自動車学校

創　　業	昭和36（1947）年9月
資 本 金	2,500万円
代 表 者	代表取締役社長　高田尚幸
社 員 数	50名
本　　社	新潟県新潟市東区山木戸3丁目9-1
事業内容	自動車教習業
CMによる宣伝効果	**女性客を狙った託児所完備を訴求したCMを30年間放送、託児所は現在、満員。**

受けています（笑）。

集客エリアは狭いが全県に流れるＣＭには価値がある

渡辺　集客エリアが非常に狭いですから、自動車学校は広告に難しい面があるんです。送迎バスが移動できる距離しか本来ＣＭは必要ないんですよね。

県内全域にＣＭは流れていますが、全県下で２４０万人。そのうち約１／３が新潟市に集中しています。新潟市だけで約80万人います。

ただ新潟市は、専門学校、大学の関係が集まっているので、周辺から人が集まってきます。そういう方たちにも事前に情報が届いているので、ある意味ＣＭは有効です。

この学校の名前がわからなくてもＣＭはわかるって方も大勢いらっしゃいますね。

あの託児所があるところでしょって。

当時の戦略は今も生きている託児所完備

渡辺　30年前に託児所を設けたってことは大きな意味があると思うんですよ。

今の自動車学校でもなかなかない。自動車学校はそんなに特色はないものですから、この最大の特色はそれになる。先代の社長は、幼稚園も持っていたんですよね。発想はそこから生まれていると思います。

池田　その頃、まだ男性優位というか、免許は男性のもので、女性はまだ学生時代には取らなかった時代です。そこから需要を拡大していくためには残りの女性にターゲットを絞ることが至上命題だったと思うんですよ。

当時はパワーステアリングなんてない車で、非力な女性が免許を取る姿を私もよく記憶しています。トランクに荷物をいっぱい積んで、フロントをちょっと浮かしてですね、少しでもハンドルを軽くしてやろうというようなこ

東新潟自動車学校　絵コンテ

託児所完備を全面に押し出したCM

■女性NA
私の通う自動車学校は
子ども連れでも安心の
託児所完備

女性専用ルームでゆったりできるし

広いコースで
余裕の講習

免許を取るなら
東新潟自動車学校

■女性
「アクセスも便利。
まずは検索」

とをしていました。

託児所は予約でほぼ満員です。保母さんが2人なので、大きなお子さんなら手がかからないんですけども、実は生後3か月から預かっているので、そうなるとほぼマンツーマン。

安全第一ですので、たくさんはお預かりできない。空き待ちのような状態です。

継続は力なり、30年間放送した結果

池田　私の娘が学校に行ってたころには「お前のお父さん、東新潟だよな。あのコマーシャルいつ変えるんだって聞いといてくれないか」そんなことを途中から言われるように

なりました。

30年以上前に撮ったCMですから、当時の様子をよくとらえています。特に託児所のシーンではテレビが置いてあるのが映っているのですが、足がついて、まだ木目のテレビなんです。こんなモノが時代感をすごく反映するわけですよね。

渡辺 地方版の「あの人は今」みたいな番組から、託児所の女性は今どうしてるんですか、とか問い合わせがあったりします。でも、もうわからないんですよね（笑）。

地デジ化で新しいのが必要になったので作り替えました。そしたら、新しいCMを作ったときはネット上で噂になったらしいんです。「東新潟がCMを変えた」と。

それでもアナログバージョンに関しては、月1回は流しています。

まぁ、いつ放送しているのか、気づいてくれる人がいるかもしれないことを楽しみに思いながら流してます。

それはなんでしょう、お宝感というか、昔からの思いというか30年の重みというのがあるのでなかなか止めるのはできないですね。

COLUMN

自動車学校といえば、横柄な教官に腹立たしい体験をした人も多いのではないだろうか。

しかし現状は違う。教習所は今「来ない生徒さんをいかに来させるかが仕事」なのだそうだ。

今の若者は「優先順位は携帯とゲーム、自動車免許はそれよりもずっと下。英会話学校とか、珠算とか、そういうノリで教習所のお金は親が払う。だからおもしろくなければやめちゃえばいいんだという感じ」なのだそうだ。実際、止める若者も多いという。

そこで冒頭の「生徒をいかに来させるかが仕事」となるわけである。

来てもらわないと返金しなくてはならないので、学校側も必死なのだ。（黒澤）

モーツァルトの「アマデウス」の旋律だけで思い出していただける

世界の時計・宝飾の正規販売店

株式会社八神《はつしん》

●会社概要（平成24年3月現在）

創　業	昭和46（1971）年11月
資本金	2000万円
代表者	代表取締役社長　神谷紘正
社員数	27名
本　社	愛知県大府市共和町三丁目8-9
CMによる宣伝効果	**不立地をCMで埋められる、記念日に行きたいあこがれの店となった**

神谷紘正社長にインタビューしました。

公共の電波に乗ってイメージアップ

当社のテレビCMは、20年前に会長が始めました。

名古屋の中心から離れた大府市共和駅前の店舗で営業していますので、知名度を上げて、ここまで来ていただくことが、CMの一番の目的だったんじゃないかと思います。

僕が物心つくころには、すでにやってました（笑）。

テレビCMというのは公共の電波ですので、テレビでCMを流せるということは、それだけ信頼できる会社だというイメージを持っていただけますし、大きな会社なんだというイメージアップにもつながっています。

長く続けることでイメージ付けに成功

実際、テレビCMの効果は大きいと思ってます。

とくに正規販売店[※1]として当社が扱っている高級ブランド品は、CMを見たからすぐに買いに行くという商材ではないんで、やはりCMをやり続けることによって、お客様に潜在的なイメージ付けができているんだと思います。

ですから、例えば何かの記念日に〝いい時計が欲しいな〟というときに、ぱっと「宝石の八神」を思い出していただける。やっぱり、テレビCMは長く続けないと効果は出ないのかな、と感じてます。

「宝石の八神」に持っていただいているイメージは、「かなりの高級店」と皆さんからは言われますけどね（笑）。でも、気さくなスタッフが多いので、一度ご来店いただけると、思ったより高級品を身近に感じていただけると思います。

インパクトのある「モーツァルト」で好印象を

BGMは10年くらい前からモーツァルトの交響曲第25番「アマデウス」[※2]を使っています。その前は、もっとスローテンポの曲でしたが、お客様会長が「アマデウス」に変えてから、お客様の当店に対するイメージも変わったような感じがします。やっぱり、モーツァルトの効果がすごいのは、良い印象が残りやすいところですね。

ですから、店内のBGMも全部モーツァルトです。モーツァルトの曲はα波が出るというか、聞いていて心地良いというか、人を癒す作用があるという話は何度か聞いたことがありますね。

なかでも「アマデウス」はインパクトのあ

る曲ですので、耳に残りやすいと思います。音楽とか映像ってイメージとして残るので、ずっとやり続けると「アマデウス」が流れただけで、〝あ、宝石の八神のCMだ〟って認識していただけます。

CMはころころ変えてしまうとイメージが変わってしまいますので、音楽はこれからも同じ「アマデウス」を使い続けようと思ってます。

映像については、3年に一回くらい店内の改装時に変えたり、紹介する商品については新しい商品が出てくるので、そこを多少変えながら続けたいと思います。いきなり方向性や構成を変えるようなことはしません。

週末の天気予報と商機に集中

時間帯については、1つの局では、毎週土曜日のお昼12時前に天気予報の提供と、それプラススポットCMですね。もう1つの局では、毎週金曜日、夜8時前の天気予報を提供しています。この2つは年間契約でずっと続けています。

提供している天気予報では、予報の背景として1分半の間、動画で店内の様子をいろいろ見ていただけますので、まだ来店いただいていない方に雰囲気が伝わります。

あとは、ボーナスやクリスマスシーズンには一気に集中して、名古屋のテレビ局のほぼ全局で流しています。

放送エリアがそのまま商圏に

うちが名古屋の中心に立地していれば、それだけで宣伝になりますが、それだけ高い家賃が発生します。それを思えば、ここでこれだけ営業していけているというのは、広告宣伝費をかけていることで、広く一般に知名度が上がっているからだと思います。「八神」という名前さえ覚えていただければ、扱っている商材やどんなお店なのかは、インターネットで詳しく見ていただけますので。

お客様に来店の動機をうかがうと、テレビCMの印象が大きいようですね。やっぱり、テレビCMを見て、インターネットでホームページを調べて、という流れが一番多いんじゃないでしょうか。

うちは無金利のローンとかやっていますので、高級品でもお求めやすいようです。月々1万円の60回払いで、60万円くらいの商品が買えるわけですから。

三河地域は富裕層の方が多いようで、300万、500万円という時計も買っていただいています。さすがに1000万クラスになると、まれですけどね（笑）。

商圏は、知多・三河地域から、名古屋市、岐阜市、三重県の伊勢湾岸地域まで、CMの放送エリアと重なっています。

正規販売店という満足感を上乗せ

当社のCMが潜在意識の中に入っているので、昔から名前を知っているから入社試験を受けてみようと、そういう方もいました。

やっぱり名前を知られた方が、いろんな意味でのプラスアルファがあると思います。

お客様から〝ああ、俺も宝石の八神に来られるようになったんだ〟ってうれしそうに言われると、CMの効果はあるんだなと思いますね。そこには、正規販売店で買うという満足感も上乗せされているんじゃないでしょうか。

あと、どなたと名刺交換しても、ほとんどの方に知っていただいているのがありがたいですね。

CMはイメージと音楽に重点を

CMをやるときはイメージが大切なので、会社なりお店なりのしっかりしたコンセプトが出せる「イメージ」と「音楽」に重点を置いてCMを作った方が良いんじゃないかと思います。

CMって、何千万かけても1年程度やっただけじゃ、効果ってあまりないんですよね。お菓子とかは、CMをやればそれで売り上げが上がったりするかもしれないですけど。

うちのような高級品の商材の場合は、「販売促進」というより「イメージ戦略」ですので、週1回でも月1回でも、それを定期的に長く継続していくのがポイントだと思います。

CM打ったから、1年2年ですぐ業績が良くなるかというと、なかなか難しいところです。やっぱり少しずつでもCMをやり続けて、余裕のあるときにスポットCMを増やすというやり方が、一番効果が上がる方法だと思います。

※1　正規販売店とは、海外の有名メーカーやメーカーが認定した輸入代理店と特約店契約を結んだ販売店のこと。「宝石の八神」はこの契約に基づき、正規販売店として本物の新品を販売している。また、高級時計メーカーに招かれ、最低年に2回はスイスを訪れ、他社では扱えないレアモデルなども日本の時計愛好家に紹介している。

※2　「アマデウス」はモーツァルトが17歳のときに作曲したもので、交響曲第25番ト短調とも呼ばれる。映画「アマデウス」の冒頭でも使用されている。

COLUMN

空からも同じコマーシャルが降ってくる

「宝石の八神」がテレビCMをスタートする以前、創業間もないころから行っているのが、セスナなどの軽飛行機による航空宣伝。いまや、全国的にも珍しいと言われている宣伝方法だ。

ボーナスシーズンなどの週末、知多半島と西三河地域では、女性アナウンサーの声で「大府市共和駅前　宝石の八神」というテレビCMと同じフレーズが空から聞こえてくるのだ。

現在、こうした航空宣伝は多くの地域で規制されているが、幸いなことに「八神」の店舗周辺地域は規制がなく、開始以来、すでに40年を超えて〝飛行〟を続けている。

また、「八神」の近隣にあるシネコンに行くと、本編の前に大きなスクリーンでテレビCMと同じPR映像が流れる。映画館ならではの音響システムで聴く「アマデウス」の迫力はバツグン。映画そのものより、強く印象に残りそうだ。（志賀）

「ハマーN」シリーズが人の流れも変えた。入校者数が4倍に!!

高柳久夫校長にインタビューしました。

ハマIN　浜名湖自動車学校
株式会社浜名湖自動車学校

●会社概要（平成24年3月現在）

創　業	昭和44（1969）年
資本金	4,500万円
代表者	代表取締役理事長　岩本英一 校長　高柳久夫
社員数	53名
本　社	静岡県湖西市新居町中之郷2350
事業内容	自動車学校運営
CMによる宣伝効果	**集客を業者に委託せずCM放送に特化。愛知、岐阜、三重にCMを放送し現在、定員一杯に。**

放送は日中少なく、朝、土日、夜11時まで

CMを出す前は、正直なところ「テレビは料金が高い」という印象でした。これは皆さん同じだと思いますけどね。

現在は、愛知と静岡のテレビ局を合わせて月に60本くらい流していますから、平均すると1日4〜5本です。自動車学校は、2、3月と8、9月の学校がお休みの時期は生徒さんが増えますが、それ以外の時期はぐっと減りますから、9月から11月にかけてのヒマな時期に多く流すようにしています。

時間帯については、土・日を中心に、日中は少なく、朝と夜の6時から11時までが一番望ましい時間帯です。テレビ局によっては良い時間帯にうまく入れてもらえますが、大企業さんのようにゴールデンタイムにぼんぼん流すようなことはできませんから、できる範

囲でとお願いしています（笑）。

集客エリアを広げるため、守りから攻めへ

合宿コースを始めて約20年になりますが、普通は「合宿教習」というと、コンビニなんかにパンフレットを置いてある斡旋《あっせん》業者に手数料を支払って、そこから教習生を送ってもらうという自動車学校が多いですよね。

うちは、理事長がそれは嫌だと、斡旋業者の下請けにはなりたくないと言う。それで自前でやろうということで、新聞広告を出したり、チラシを入れたり、テレビCMを流したりなど、斡旋業者を入れずに、すべて自前で生徒を募集してきました。

テレビCMを始めた動機は、少子化する中で集客エリアを大きくするためです。そのためには、周りから増やすしかありません。特に愛知県の場合は陸続きで、周辺地域を入れると約1000万人のエリアですから。

20年くらい前は、こちらから愛知県の自動車学校に免許を取りに行かれる方が多かったんです。豊橋ですと、電車で30分程度で行けるわけですから。

そこで、静岡県内だけに目を向けて守りに入るのではなく、逆にこちらから愛知に向かって、少しでもエリアを広げていこうという狙いでした。

紙媒体の反応鈍化とともにCMが主体に

最初はチラシや新聞などの紙媒体をメインに使ってきて、チラシはチラシで確かに効果はありました。名古屋市内だけでも当時90万世帯くらいで、愛知県下全域で1000万枚くらいのチラシを入れたこともあります。

ところが、10年くらい前からだんだん紙媒体の反応が鈍くなったような感じがしてきた

ので、紙媒体を減らし、テレビＣＭを徐々に増やしました。現在はテレビＣＭが主体になって、広告宣伝費の８割を占めています。

昔から湖西市の人が遊びに行くとなると、お隣りの愛知県の豊橋に行っていたんです。そういう行動パターンというのはなかなか変えられないので、湖西市の方が豊橋の自動車学校に行くのは自然の流れだったわけです。

テレビＣＭはそうした人の流れを変えて、豊橋に行っていた方をなんとか減らして、「ハマＩＮ」[※1]していただけるようになりました（笑）。

合宿コースとＣＭで入校者数が４倍に

いまＣＭにかけている費用を差し引きすると、とんとんの業績かもしれないですが、いままで伸びてきたのは、実際のところＣＭのおかげだと思いますね。

これから少子化で、若い方がどんどん減っていくわけです。全国の自動車学校も今後は７００校くらいしか生き残れないんじゃないかと考えています。

その点、私たちの学校はおかげさまで、ここ20年で年間の入校者数が約４倍近くに伸びています。これはテレビＣＭを増やしてきた結果だと思っています。

この地域はほんとに田舎ですし、大学もありません。高校は数校ありますが、高校生は２、３月は運転免許を取ってはいけないという規則がありますので、普通に営業していると２か月くらいしか仕事がないんですよ（笑）。

そこで、「合宿コース」を導入し、ＣＭでＰＲすることによって、年間の入校者数が増えたんですが、これは実際にＣＭのおかげだと思います。ですから、ＣＭをやってなければ入校者数は変わらないか、逆に減っていたと思います。

制作者の感性に任せてヒットＣＭに

今の「ハマＩＮシリーズ」の前は、３年間ほどお笑い芸人を使ったＣＭを流していたんですが、それをやめて平成21年から「ハマＩＮ」にしました。

このＣＭの企画制作については、私たちはほとんどノータッチです。制作者の感性に任せています。実際にＣＭを見ていただいた方に「ハマＩＮ」という名前を覚えていただけて、非常に良かったと思っています。

内容は、しょっちゅうは変えられませんので、１年１シーズンとして、いま４シーズン目になりました。

ＣＭから生まれた「ハマッピー」も人気者に

「ハマＩＮシリーズ」になって最初のときの反響は大きかったですね。一番多かったのは、「出演している俳優さんは学校に居ますか？」という問い合わせでしたね（笑）。

最初の「ハマＩＮ」のＣＭを作るときに、カメラを通して見ると指導員の肩がさみしいということで、「ハマッピー」[※2]というキャラクターが生まれました。これがけっこう人気が出たので、ストラップと着ぐるみを作りました。ストラップをお土産に買っていかれる方がけっこう多いんですよ（笑）。

制作者の感性が「ハマＩＮ」シリーズに生きているんだと思います。

目について、耳に入って、頭の片隅に残る

普通、一人の方が免許を取るのは普通免許ともう１つくらいですよね。そういう数少ない機会に、タイミング良く「浜名湖自動車学校」を思い出していただいて、連絡してみよ

浜名湖自動車学校　絵コンテ

浜名湖自動車学校	出身は? 篇	TVCM 15秒
・彼氏の滝口さん (制服ではない、スーツ姿) を実家につれて来た女性。 ・お父さん紹介。		滝口さんの彼女 「おとーさん、 紹介するね！ 彼氏の滝口さん。」 滝口さん **「滝口です !!」**
・父親、ムスッとした顔で ボツリ。		父親 「・・・(息を吸って) で、キミ、ご出身は？」
・即座に返答する滝口さん。 ・肩にはハマッピー。		滝口さん **「ハマインです !!」**
・その言葉にするどい顔で 反応する父親。 ・滝口さんもキリッとした 目つきで返す。		緊迫効果音 **ピキーン!!**
・突然笑い出す父親。 ・奥に立つ母親も笑顔。 ・ほっとする滝口さんと彼女。		父親 「そりゃ〜いい !!」 全員で **ハッハッハッハ !!**
・学校外観にロゴ。		ナレーション 出身校が自慢です。
・みんなでハマイン。		全員で **ハマイン!!**

うという気持ちになってくれるかどうかが、PRのポイントだと思いますね。

それが、もしテレビCMをしなかった場合、愛知県の方が「浜名湖自動車学校」を思い浮かべてもらえるかどうかですよね。

いまはCMをやっているので「ハマＩＮがあったな」とか、少しでも頭の中に残っててくれれば、何かの折に連絡してみようとなるはずです。やっぱり認知していただくことが一番大事ですし、そのためにはCMを継続するしかないですね。

これからCMを出したいとお考えの企業さんには、やるなら続けるしかないということを言いたいです。長期間継続して、ようやく認知されるものだと思います。

やっぱり、テレビCMの効果は、〝目について、耳に入って、頭の片隅に残る〟ということでしょうね。

ですから、湖西のような田舎の小さい自動車学校が、少しずつ伸びることができたというのは、10年近くめげずにテレビCMを出すことができたからだと思います。

※1 「ハマＩＮ」は、現在のCMシリーズの1作目で〝浜名湖自動車学校指導員（Instructor）＝ハマＩＮ〟として打ち出された言葉。2作目になると、浜名湖自動車学校に入る（ＩＮ）ことも「ハマＩＮ」と呼ばれるようになった。

※2 「ハマッピー」は、海賊船の船長が肩にのせているオウムを思わせるが、ペンギンがルーツという噂もある謎の鳥。好きな食べ物はあんパンで、ハマインの肩に乗ることと、浜名湖での水遊びが大好きというキャラクター。

COLUMN 21

「浜名湖」への校名変更が大きな転機に

浜名湖自動車学校は、以前は「湖西自動車学校」という名前だった。それが平成6年、現在の「浜名湖自動車学校」に変更された。

「湖西」では、琵琶湖の湖西線などがイメージされ、立地する地域と結びつきにくかったというのが改名の理由という。「湖西」で、浜名湖の西側を連想するのは確かに難しかったかもしれない。

そこで、わかりやすい「浜名湖」を冠した名前に変え、このことが大きな転機になったという。浜名湖自動車学校という名前から、「ハマーN」という名フレーズが生まれ、テレビCMとともに飛躍的な成長を遂げることになったのである。

もし湖西自動車学校として「コサーN」のフレーズが生まれていたとしても、浜名湖のイメージは湧かず、ヒットCMにはならなかったに違いない。

最近では、「浜名湖自動車学校」でわからなかったタクシー会社が、「ハマーN」と言ったらすぐにわかったというちょっとビミョウな笑い話もあるという。（志賀）

クライアントが語るヒットCMの裏側⑭

株式会社夢ハウス（メディアジャパン制作）

15万円から始めたCMで、今では年商150億

常務の片桐教夫さんにインタビューしました。

テレビ局を接待した結果、タダのCMで好スタート

最初は15万円くらいの放送料でした。10年で10倍以上です。おかげで今の年商は150億になりました。少額で始めたCMだけど、今は欠かせない宣伝ツールです。

テレビCMのスタートはお天気フィラー※1でしたね。

実は、最初のCMは言ってみれば「タダ」でした。というのも、ある日、うちの所有する山荘でマスコミの皆さんを全部集めて宴会をしたんです。

そのとき、あるテレビ局の人が「こんないい山があるんですね、最高の景色だ」って言ってくれたんです。さらに「お天気フィラーが1か月空いちゃったんですよ」というじゃないですか。

株式会社夢ハウス

創業	平成8年（1998年）10月
資本金	5,000万円
代表者	代表取締役　赤塚幹夫
社員数	150名
本社	新潟県北蒲原郡聖籠町大字三賀288
事業内容	一般住宅・アパート・店舗の設計及び施工
CMによる宣伝効果	チラシとCMを併用して相乗効果で知名度アップ

夢ハウス　絵コンテ

■NA
家を建てるために
関わる人は
200人をこえる

一人一人が
1つ1つを

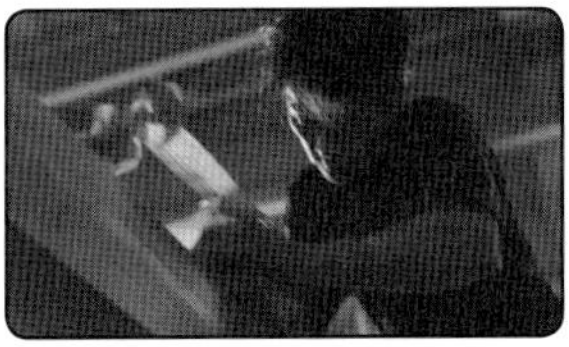

丁寧に

手仕事のぬくもりを
伝えたい

夢ハウス

　だったら、この山をバックに天気予報をやってくれませんか、と。その結果、お天気フィラーが最初の1か月間無料で流れました。毎日毎日45秒くらい、天気予報のバックに夢ハウス育成林の山の景色と社名が流れて。

　ラッキーだったですね。

　新潟では知らない人はいないという40年間ロングランのラジオの長寿番組があるんです。

　そのパーソナリティが地元では知名度がすごくありまして、あるときその方を招いてうちの会長と一緒に山荘に行って、料理作って、飲んで食って、風呂に一緒に入って、寝食ともにして、語り合ったんです、

　そしたら次の日、実は昨日とてもよいところに行ったんだ、と言ってくれるわけですよ、ラジオで。もうタダみたいなものです。

そこから電波という広告を意識するようになりましたね。

コマーシャルソングは社員の手作り

コマーシャルソングも創りました。「来て見て比べて夢ハウス」というフレーズです。

実はこの曲、当社の社員の手作りなんです。その社員は元々、東京で歌手やってたんですけど、夢破れて新潟に来たという人。

社長と初めて会ったとき、「前はどんな仕事をやってたんだ?」という話になりました。「実はミュージシャンを目指していたんですが、夢破れて新潟に帰ってきました」と正直に言ったところ、間髪入れず社長が「じゃ、うちの歌作れ」となったんです。歌はすぐにできたのですが、しばらく放置されていたんです。

会社の近くの温泉で毎年、忘年会をやるんですが、その曲を本人がギター1本で初めて演奏したんですよ。そしたら社員から出入りの業者さんまで、みんな感動してくれて、涙流してくれて。

その場に100人くらいいたかな。じゃCDを出そうよって話になって、その社員の昔のつてを頼って東京のスタジオでレコーディングしたんです。それが11年前ですね。

だからコマーシャルソングにも正直言って金かかってないですね。

CMよりチラシの方が高い? かな

CMと併用しているチラシも重要な宣伝ツールです。

テレビだけじゃだめだし紙媒体だけでもだめ、ウェブとかいろいろ総合的に使うと効果的ですね。

金額ですが、CMの制作費は脇に置いて比

べると、チラシの方がむしろ高いです。

チラシは1回ごとにゼロから制作して、印刷して、1枚1枚新聞に折り込んで配るでしょ。

5万部で60万円くらいします。新潟では新聞を取ってる率が高いから。特に50万部発行の地元紙は強気ですね。60万円だったらCMでタイムを2つ買えるくらいの値段だよね（笑）。

ただチラシがそれだけ反響があるかというと、今はちょっと厳しいな。というのは我々が届けたい客層が新聞を取ってないんですよ。

届けたい客層は20代、30代の子育てママさんですが、その世代が取ってないんです。

元々弊社が狙っているのは55オーバーの退職リタイア組と30代前半、40代前のニューファミリーですが、やっぱり若い層にも情報は届けたい。

結婚したばかりの人はまずアパートに住む。アパートでは新聞取らないんですよ。

元々はシニア層狙いだったんだけど、この年代は新聞購読者層と一致していたんですよ。

若い世代にターゲットを広げてきたときに、新聞取ってないぞと。

チラシは入れないわけにはいかないんですね。なぜなら夢ハウスを知らない人がいるから、初めてのお客さんのためにチラシは残しておく必要があるんです。

チラシは、即効性があるので、目的は今日、明日の展示会用。だけど、中には次週とか、そのまた次の週に持ってくる人がいる。チラシは取っておく人がいるんですよ。

ただ今後を考えると、これからの戦略としてはテレビで訴求する、次にネットで見てもらう。

次の展示会はここですよとCMで誘って、ウェブで確認してもらう。

それで来場いただくということになってくるんでしょう。

※1　元々は番組の間が空いたときや深夜に風景などを穴埋め的に放送すること。転じて風景や企業プロモーションVTRをバックに放送する天気予報を「お天気フィラー」と呼ぶ。

COLUMN

夢ハウスは元々現会長の赤塚幹夫氏が大工の丁稚《でっち》奉公から一代で叩き上げた会社である。

大工として下積み時代から家の隅々にまで気を配って作ってきた歴史がある。

そのため「自分たちで作る」ことに関しては並々ならぬこだわりがある。

会社組織も設計施工はもちろん、シベリアからの原木輸入、コンクリート、家具製作から、木材の乾燥技術開発、薪ストーブ、自社育成林まで、自分たちで手がけている。

いいものを少しでも安く、というのが会社の方針である。だからコマーシャルソングを自社で作ったという話はすんなり腑に落ちた。「自社内で作れば安価」ということではない。自分たちモノ作り集団の気持ちを最もダイレクトに伝える言葉は、自分たちの中から出てくる。

それがオリジナリティであり、お客に伝わると考えているのだ。（宮崎）

あとがき

ＣＭの本というと、東京発の情報が主です。こうした地方の事情がわかる本は皆無でした。

通常の業務では、低価格から高額の案件まで幅広く行っておりますが、この本に関しては、「小さな会社でもできる」「手軽にできる」というコンセプトに徹しました。

元々文字での表現が苦手なので、映像表現という仕事をしているのですが、本書のコンセプトは皆さんにきちんと伝わりましたでしょうか。

テレビ番組制作出身の私が、ＣＭを制作・放送するなど、以前では考えられませんでした。全く未経験なジャンルに挑戦させてくれた、理解あるクライアントさんには大変、感謝しております。

現在、テレビ業界は不況のまっただ中です。特に地方では顕著です。

制作費のカットなど、このままでは番組制作という「文化」が途絶えてしまうのではないか。そんな危惧さえ抱きます。

この本が出ることで、テレビ広告に企業が注目してくださり、少しでも多くの方が参加してほしい、私が生まれ育った番組制作の業界にもう一度、活気を取り戻したい、そんな思いで本書を書きました。

取材に応じてくださった企業とテレビ局の皆さん、ありがとうございました。協力してくれた、志賀慶次さん、黒澤淳さん、共に取材をしてくれてありがとうございました。最後に、協力してくれた社員の皆に感謝して、締めの言葉にしたいと思います。

――アイデアを形にする仕事は楽しい。

宮崎敬士

■著者プロフィール

宮崎 敬士（みやざき けいじ）

1964年8月22日生まれ、愛知県一宮市出身。
大学卒業後、テレビ番組制作会社に入社。主に報道、ドキュメンタリー番組を演出する。2003年、独立してメディアジャパン株式会社を設立、代表取締役となる。「モニターに映るモノは全部制作」を目標に、ウェブやテレビCMなどの制作も手掛ける。同年6月、広告代理店メディアジャパンエージェンシー株式会社を設立。映像媒体を一貫して扱えるようになった。今では東京のキー局を含め、全国の局およそ7割と取引を行うようになった。

メディアジャパン　www.me-ja.co.jp

メディアジャパンエージェンシー　www.mj-ag.co.jp

著書『テレビに「取材される方法」教えます。』（しののめ出版）
　　『検索エンジンに上位表示する方法教えます』（東京図書出版）

■巻末DVDについて

メディアジャパン制作CM作品集

本書の第5章で紹介したクライアントのCMなど、メディアジャパンが制作したCMが収録されています。

ドキュメント
～格安CMがオンエアされるまで～

本書の第2章で紹介した「みうらクリーニング」CM放送までのドキュメンタリーが収録されています。

小さな会社でもできる「テレビCM完全ガイド」

2013年9月8日　初版第1刷発行

著　　者　宮崎敬士

発 行 者　揖斐 憲

発 行 所　株式会社 サイゾー
〒150-0043　東京都渋谷区道玄坂1丁目22-7　6F
電話　03-5784-0790（代表）

装　　訂　上野秀司

制　　作　株式会社スターダイバー

編　　集　高橋聖貴

印刷・製本　株式会社 東京印書館

本書の無断転載を禁じます
乱丁・落丁の際はお取替えいたします
定価はカバーに表示してあります
©Keiji Miyazaki 2013, Printed in Japan
ISBN 978-4-904209-32-5